Carlo M. Martini

Was allein notwendig ist

Carlo M. Martini

Was allein notwendig ist

Jesusnachfolge
nach dem Lukasevangelium

Herder

Freiburg · Basel · Wien

Titel der Originalausgabe:
Gli esercizi ignaziani alla luce del vangelo di San Luca
© Edizioni Comunità di Vita Cristiana, Roma ²1983

Aus dem Italienischen übersetzt von
DR. AUGUST BERZ

Zweite Auflage

© Verlag Herder Freiburg im Breisgau 1984
Herstellung: Freiburger Graphische Betriebe 1986
ISBN 3-451-20065-1

Inhalt

Inhalt

Hinweis

Ebenso wie die bekannten Werke des Mailänder Erzbischofs, Kardinal Carlo M. Martini, „Dein Stab hat mich geführt", „Damit ihr Frieden habt" und „Und sie gingen mit ihm" geht auch dieser Band mit geistlichen Betrachtungen zum Lukasevangelium auf einen Exerzitienkurs zurück. Daraus erklären sich der Aufbau und die Verknüpfungen mit den „Geistlichen Übungen" des heiligen Ignatius von Loyola. Die Meditationen wurden ursprünglich vor einer Gruppe von Ordensleuten gehalten und in stark gekürzter Form von der Editrice Stella Matutina, Roma, unter dem Titel „Gli esercizi spirituali di San Ignazio alla luce di San Luca" veröffentlicht; die zweite, nach dem vollständigen Text der Tonbandaufzeichnung erweiterte Auflage erschien unter dem Titel „Gli esercizi ignaziani alla luce di San Luca" bei den Edizioni Comunità di vita cristiana" (Rom 1983). Nach dieser Vorlage erfolgte die deutsche Übersetzung. Dabei wurden nur gelegentlich leichte Straffungen vorgenommen, wo dies – auch aus Gründen des Umfangs – im Hinblick auf einen breiteren Leserkreis geboten erschien, jedoch ohne die Unmittelbarkeit des gesprochenen Wortes dabei verändern zu wollen.

Bei der Zitierung aus dem ignatianischen Exerzitienbuch wurde zugrunde gelegt: Ignatius von Loyola, Geistliche Übungen. Übertragung und Erklärung von Adolf Haas. Mit einem Vorwort von Karl Rahner (Freiburg i. Br. [5]1981).

Erste Meditation

Leitlinien

Herr Jesus, wir sind vor dir versammelt, um miteinander diesen Exerzitienkurs zu beginnen. Jeder von uns hat so vielerlei Beziehungen und Pflichten hinter sich gelassen, die uns vielleicht in Gedanken jetzt noch beschäftigen. Wir anvertrauen dir, Herr Jesus, die Menschen, die Dinge, die Situationen, die Probleme, die wir an dem Ort, von dem wir herkommen, zurückgelassen haben. Denke du daran, o Herr, während wir in diesen Tagen an dich denken. Während wir in Anbetung und im Lobpreis deiner Herrlichkeit bei dir weilen, wirst du, Herr, an unserer Stelle all das tun, was wir hätten tun müssen.

Sieh, Herr, wie verschieden die Gedanken und Stimmungen sind, in denen wir uns zu diesen Exerzitien eingefunden haben. Du, Herr, erleuchtest jeden von uns aufs treffendste. Du, Herr, hast den richtigen „Griff" für jeden von uns; mach, daß sich jeder von dir packen läßt, wie es für ihn in diesem Moment seines Lebens, seiner Glaubensentwicklung, seiner Versuchungen, Leiden, Zweifel und Schwierigkeiten notwendig und nützlich ist.

Herr, laß mich, den Exerzitienmeister, das wenige, das ich bieten kann, geben, und laß jeden Teilnehmer von dir das viele entgegennehmen, das du selbst schenkst.

Jungfrau Maria, Trägerin des Gotteswortes, lehre

uns, es in Schweigen in uns aufzunehmen und im Herzen zu bewahren. Amen.

1. Sich dem Geist öffnen

Den Zweck der Exerzitien kennen wir: sich für die Anregungen des Heiligen Geistes bereit zu machen, um eine Wahl vorzunehmen, die dem Willen Gottes entsprechen soll. Wir suchen also nach dem, was Gott in unserem Leben vorhat, um dann einen entsprechenden Entscheid zu treffen. Dieser Entscheid kann verschieden aussehen: es kann dabei um die Standeswahl gehen (und dies ist der typische Fall, auf den sich der heilige Ignatius bezieht) oder um die Wahl einer bestimmten apostolischen Tätigkeit.

Möglicherweise handelt es sich um eine Krisensituation, in der wir uns befinden und die nicht klar zu kennzeichnen ist. Wir tappen also ein wenig im Dunkel und verspüren gleichzeitig das Bedürfnis, uns zu fragen: Entsprechen mein Gebet und meine Tätigkeit, meine Redeweise, meine Armutshaltung, die Art und Weise, wie ich meinen Beruf ausübe und heute in dieser Kirche bin, dem, was Gott, was Jesus Christus, was das Evangelium von mir erwarten? Und da heute viele Anregungen gemacht werden und der Glaube auf verschiedenste Weisen gelebt wird, muß man Entscheide treffen. Auch wenn es nicht um aufsehenerregende Entscheide geht, sind sie doch wesentlich für unseren persönlichen Stil des Betens, des sittlichen Lebens, der Beziehung zu den anderen, für die Art und Weise, wie wir die Entwicklung unseres Lebens sehen, sie verstehen, ihr einen Sinn geben. All dies gehört zu den Exerzitien, wenn wir uns für die Anregungen des Heiligen Geistes empfänglich machen wollen, um dann zwischen den vielfachen Möglichkeiten, zwischen den verschiedenen Weisen, in der Welt von heute das Leben eines Christen zu führen, eine Wahl zu treffen. Daß diese Entscheide dem, was Gott mit uns vorhat, entsprechen, ist der Sinn dieses Suchens nach dem Willen Gottes.

Als Text habe ich das Lukasevangelium gewählt, an das wir uns demnach halten wollen, freilich nicht ohne die Verbindungsstellen zu den ignatianischen Elementen aufzuspüren. Versuchen wir also gemeinsam dieses Evangelium auch ein wenig im Licht des Exerzitienweges zu lesen.

2. Unser Gebetszustand

Wie soll man sich nun auf die Exerzitien vorbereiten, zumal auf die Exerzitien als eine Gebetserfahrung? Ich meine, wir sollten die Meditationen mit einem Gebet beginnen, um auf jenen „Gebetszustand" vorzubereiten, der die Seele der Exerzitien ist, die Luft, in der sie atmen.

Jeder möge sich fragen: Welches ist in meiner jetzigen Situation mein gegenwärtiger Gebetszustand? Den Satz: „Den eigenen Gebetszustand herausfinden" habe ich vor kurzem einem Band mit Briefen des ehrwürdigen Pater Libermann, des Gründers der Kongregation vom Heiligen Geist, entnommen. In diesem Band habe ich wahre Schätze geistlicher Weisheit gefunden, unter anderen auch einen Brief, in dem von einer Person die Rede ist, die geistliche Gaben hatte, aber auch stark angegriffen und kritisiert wurde, vielleicht wegen einer tatsächlichen Unklugheit. Libermann ließ die betreffende Person zu sich kommen und sagte zu ihr: „Ich werde Sie Exerzitien machen lassen und Ihnen beizustehen suchen." Und er erklärt in diesem Brief, wie er dieser Person zu helfen versuchte und wie er zu unterscheiden anfing, was hier vielleicht Unklugheit oder Empfindlichkeit war und was hingegen Gabe Gottes. Er schreibt: „Als Erstes habe ich gesucht, den Betreffenden in seinen Zustand des Gebets zu bringen, denn ich hatte bemerkt, daß immer, wenn er in seinem Zustand des Betens war, in ihm echte Gedanken und Gaben aufstiegen, während es dann, wenn er aus diesem Zustand heraustrat, zu Unklugheiten, übertriebener Begeisterung oder anderen Äußerungen kam, die ihn entgleisen ließen." Aus diesem Brief spricht eine große Weisheit. Er sollte uns zu der gleichen Übung anregen, nämlich dazu, daß wir uns vor Gott einfinden und den Herrn bitten, uns tief verspüren zu lassen, welches unser jetziger Gebetszustand ist, an den sich in diesem Moment das Wort Gottes anschließt, das uns übermittelt wird.

Wie aber läßt sich unser eigener Gebetszustand herausfinden?

Zunächst möchte ich verdeutlichen, in was unser Gebetszustand nicht besteht. Vor allem gilt: wir können ihn nicht künstlich herbeiführen. Auch wenn es gute Einflüsse wären, die uns förderlich scheinen. Solche künstlich herbeigeführte Seelenzustände können von einer Lektüre stammen, die uns sehr angesprochen hat, von angesehenen Personen, die wir angehört haben, vom Denken eines anderen, und doch sind sie noch nicht zu unserem eigenen Gebetszustand geworden. Ich halte es darum für angebracht, gerade in Exerzitien, solche Stimmungen sich ein wenig verflüchtigen zu lassen, auch wenn dann eine gewisse Trockenheit und Gedankenleere eintritt. Ich erinnere mich, wie jemand einmal sagte, man solle sich nie ohne ein Buch, ohne einen hilfreichen Autor in die Exerzitien begeben. Ganz im Gegenteil meine ich: Wir sollten versuchen, sowohl die positiven wie die negativen Elemente beiseite zu lassen, die nicht von uns selbst stammen, sondern auf Anregungen zurückzuführen sind, die wir uns noch nicht wirklich zu eigen gemacht haben. Suchen wir in das tiefste Innere von uns einzutreten, wo der Herr zu uns spricht, und sagen wir vielleicht bloß ein einziges, vielleicht ganz schlichtes, durchaus nicht wohlgesetztes Wort, das aber unser ureigenes Wort ist.

Der Gebetszustand läßt sich auch nicht mit Gewalt erzwingen. Vielmehr sollen wir uns von Gott in ihn versetzen lassen, denn ohne die Gnade Gottes können wir auch im geistlichen Leben nicht wirklich zu uns selbst finden. Darum leben wir oft aus angestauten Erregungen, Eindrücken, trügerischen oder bloß zeitweiligen Behelfen. Statt dessen sollte ich nach dem Wort oder den Worten suchen, die Gott jetzt in mir spricht: Das ist mein eigenes Gebet, mag es noch so schlicht, noch so ärmlich sein.

Positiv gewendet, würde ich drei Dinge nennen, die den Gebetszustand einleiten. Sie sind verblüffend einfach, können uns aber doch zu denken geben. Elemente dieses Zustands sind:

a) eine entsprechende Haltung des Körpers
b) eine Anrufung, die mein Verlangen wiedergibt (beides muß zusammengehen);
c) eine Reihe von Bibelstellen oder -szenen.

Diese drei Mittel lassen uns zu einem Zustand des Gebets gelangen, wenngleich sie ihn noch nicht selbst ausmachen.

Zuerst eine entsprechende Körperhaltung: Suchen wir in Schweigen, Sammlung, Aufmerksamkeit herauszufinden, welche leibliche Gebetshaltung wir im betreffenden Moment spontan einnehmen möchten. Ist es die Haltung der Darbringung, der Anrufung, des Lobpreises, die Haltung der Anbetung, der Ehrfurcht? In unserer Körperhaltung sollte sich unser tiefes Verlangen ausdrücken; sie sollte uns also behilflich sein, das, was in uns vorgeht, zu begleiten. Wir haben dieses Gebet noch nicht in uns, sondern müssen es erst noch finden: Gott vollbringt es; Gott läßt es uns finden.

Ein zweites Mittel besteht in einer Anrufung, die mein Verlangen zusammenfaßt, in einer Antwort auf die Frage, die erste Frage, die Jesus im Johannesevangelium (1, 38) stellt: „Was sucht ihr?". Wonach verlange ich? Wenn ich in mir Schweigen schaffe, welche Gebetsanrufung steigt dann in mir auf und formt sich langsam zu einem Wort? Wir könnten Jesus anrufen: „Jesus, Sohn Gottes, sei mir Sünder gnädig!", oder: „Herr, ich danke dir, weil du mich in meiner Armut annimmst"; „Herr, gib mir in dieser unerfreulichen, schwierigen Situation Licht!"; „Herr, ich schaffe es nicht"; „Herr, stärke meinen Glauben!". Es gibt ganz schlichte Gebete, die wir im Rhythmus des auch von Jesus praktizierten Herzensgebets wiederholen; wir fühlen, daß sie das, was wir im betreffenden Moment sind, zum Ausdruck bringen ... das, was der Heilige Geist jetzt in uns erbittet.

Zum dritten fragen wir uns: Wenn ich angeben müßte, welche Szene der Bibel, des Evangeliums mir in diesem Moment am meisten sagt, mich selbst am besten zum Ausdruck bringt, welches Wort, welche Stelle des Evangeliums würde ich dann wählen, um einem anderen brüderlich zu sagen, was mir am Herzen liegt? Auf diese Weise könnten wir in unserem Bewußtsein diesen jetzigen Gebetszustand finden oder wecken, in dem wir angesichts des Wortes Gottes wir selbst in unserer Armut sind. Und von da aus uns bemühen, daß der Funke des Wortes sichtbar wird, daß die Macht des

Wortes einwirkt auf die Wahrheit unseres Seins, die im schlichten, demütigen Ausdruck dessen besteht, was wir in Wirklichkeit sind, und nicht dessen, was wir gegenüber anderen zu sein glauben.

Unsere Betrachtung des Lukasevangeliums folgt der Wegweisung, die Lukas seinem Schüler Theophilus gibt, um ihm behilflich zu sein, sich in den mannigfaltigen Deutungen des Lebens, der Kirche und der Geschichte seiner Zeit zurechtzufinden und um ihm eine Linie vorzuzeichnen, die im Grunde auch die unsere ist; denn sie erschließt die Bedeutung der Buße, der Person Jesu, der Nachfolge Jesu, des Kreuzes und der Auferstehung im Leben des Menschen. Das also ist ungefähr der Weg, den Theophilus durchlaufen soll, um den Herrn verstehen zu lernen.

Zweite Meditation

Die Heilsbotschaft des Lukas

Herr Jesus, sieh wie schwierig es für uns ist, unser wahres Denken einander mitzuteilen und uns verständlich zu machen. Wir bitten dich, Herr, gib uns deinen Geist und erneuere so unser Ich von innen her. Laß uns voreinander aufrichtig sein; mach, daß wir dir gegenüber und auch den andern gegenüber das sind, was wir sind. Herr, laß uns darin, daß wir einander annehmen, von dir angenommen sein und durch die Kraft deines Geistes umgestaltet werden. Darum bitten wir dich auf die Fürsprache Marias.

Ignatius von Loyola sagt: „Der Mensch ist geschaffen dazu hin, Gott Unseren Herrn zu loben, Ihm Ehrfurcht zu erweisen und zu dienen, und damit seine Seele zu retten. Die andern Dinge auf der Oberfläche der Erde sind zum Menschen hin geschaffen, und zwar damit sie ihm bei der Verfolgung des Zieles helfen, zu dem hin er geschaffen ist. Hieraus folgt, daß der Mensch dieselben so weit zu gebrauchen hat, als sie ihm auf sein Ziel hin helfen, und sie so weit lassen muß, als sie ihn daran hindern. Darum ist es notwendig, uns allen geschaffenen Dingen gegenüber gleichmütig zu verhalten in allem, was der Freiheit unseres freien Willens überlassen und nicht verboten ist. Auf diese Weise sollen wir von unserer Seite Gesundheit nicht mehr verlangen als Krankheit, Reichtum nicht mehr als Armut, Ehre nicht mehr als Schmach, langes Leben nicht mehr als kurzes, und folgerichtig so in allen übrigen Dingen. Einzig das sollen wir ersehnen und erwählen, was uns mehr zum Ziele hinführt, auf das hin wir geschaffen sind" (Geistliche Übungen, Nr. 23).

Wenden wir uns von neuem im Gebet an Gott:

Gott, unser Vater, du hast den heiligen Ignatius zur Erkenntnis des Heilsmysteriums berufen. Du ließest ihn sehen, wie alle Dinge zuerst mit dir in Beziehung stehen. Laß uns nach unserem Platz in der Kirche von heute suchen. Gib uns die Gnade, deinen Heilsplan zu erkennen, ihn anzunehmen und darin unseren Platz zu finden. Wir erbitten dies von dir, Vater, durch Christus, unseren Herrn. Amen.

Im Folgenden wollen wir über die Heilsbotschaft nachdenken, wie der Evangelist Lukas sie vor allem im zweiten Teil seines Werkes, in der Apostelgeschichte, vorlegt. Lukas setzt als Grundlage des geistlichen Weges des Theophilus voraus, daß dieser den Inhalt der Heilsbotschaft kennt. Er sagt in seinem Vorwort, daß Theophilus durch die Betrachtung dessen, worüber er, Lukas, geschrieben habe, erkennen könne, wie verläßlich die Unterweisungen seien, die er empfangen habe.

Damit meint Lukas meines Erachtens nicht sosehr die historische Wahrheit der Verkündigungsworte, die Theophilus bereits vernommen und angenommen hat, sondern die Tatsache, daß man sich auf diese Worte verlassen kann, daß sie solide sind, wie ein Haus solid ist, an dem alles fest zusammengefügt ist und dessen Teile sich gegenseitig stützen. Lukas sucht also zu zeigen, daß sich die Heilsbotschaft in den allgemeinen Rahmen des göttlichen Heilsplans einfügt und daß durch sie Gott selbst in die Geschichte eingefügt ist. Im Licht dieses Gedankens zeigt sich, daß die Geschichte,

die wir erleben, ein Moment des allgemeinen Heilsplans Gottes für die Menschheit ist. Damit erhält sie einen Sinn, eine tiefe Bedeutung: Gott steht nicht außerhalb unserer Geschichtszeit, sondern durch die Heilsbotschaft holt er uns ein, steht er mit uns in Verbindung und gibt auch den Bedrängnissen, die wir durchmachen, einen Sinn.

Diese Idee ist Lukas wichtig. In der Apostelgeschichte
läßt er Paulus von Christengemeinde zu Christengemeinde gehen und sagen, man müsse durch viele Bedrängnisse hindurch in das Reich Gottes eintreten. Im
Licht der Verkündigung erscheinen diese Bedrängnisse
als Teil des göttlichen Heilsplans, was jener Lieblingsge-
danke von Lukas ist. Um ihn zu verdeutlichen, will ich
eine Stelle aus dem Brief einer Ordensschwester anführen. Diese macht eine schwere Prüfung durch, denn das
soziale Liebeswerk, dem sie sich mit allen Kräften und
unter Lebensgefahr hingegeben hatte, ist zerstört worden und damit stellen sich verschiedene Probleme. Die
Schwester schreibt: „Gott, den ich als Schöpfer sosehr
geliebt habe, erscheint mir nun als Eindringling in unsere menschliche Geschichte. Welchen Sinn haben die
Widersprüche, die Ungereimtheiten dieser menschlichen Geschichte; was hat Gott damit zu tun?" Auf eben
dieses Problem will Lukas eine Antwort geben: Gott
steht nicht außerhalb unserer Geschichte, auch wenn
die Geschichte, wie wir sie erleben, voller Ungereimtheiten und Ärgernisse ist und wir vieles nicht in ein
Ganzes einordnen können. Das Verkündigungswort ermöglicht uns, diese Geschichte anzunehmen und zu sehen, wie all dies zu einem göttlichen Heilsplan gehört.

Wir befinden uns damit schon auf einer Linie, die
dem Grundzug des Wirkens Gottes, wie Ignatius in seinen Worten über das „Prinzip und Fundament" es

sieht, analog, wenn auch nicht damit identisch ist. Das also ist es, was ich in dieser Meditation vorlegen möchte: erstens einen Hinweis auf die Bedeutung, die die Heilsbotschaft bei Lukas hat, sodann einige Anregungen zum Nachdenken über fünf Aspekte der Heilsbotschaft bei Lukas und schließlich die Frage nach dem Zusammenhang zwischen dieser lukanischen Verkündigung und dem Fundament der Exerzitien.

Lukas gibt die Heilsbotschaft in den großen Missionsreden der Apostelgeschichte wieder, in den Kapiteln 2, 3, 10, 13, sodann in den Reden an die Heiden (kürzer in Kapitel 14, ausführlicher in Kapitel 17), ferner in den kurzen Unterweisungen vor der Taufe von Neubekehrten und auch anderswo.

Die Grundthemen der Missionsreden sind bekannt: Gott, die Heilsgeschichte, der auferweckte Christus, die Bekehrung. Die Taufunterweisungen führen die Verkündigung weiter mit den Themen des Lebens der Kirche, des Lebens der Gemeinde durch Sakramente und Gebet. Damit haben wir eine ziemlich vollständige Übersicht über das, was Lukas verkündet: das Wirken Gottes in der Geschichte, im gekreuzigten und auferstandenen Christus, das für uns zum Anruf wird, uns zu bekehren, das uns einlädt zum Taufbekenntnis, uns die Gabe des Geistes, die Sündenvergebung, schenkt und uns in einer Güter- und Gebetsgemeinschaft leben läßt.

Ich habe mich gefragt, was diese Aussagen im Licht der Gesamterfahrung des Theophilus, die wir uns ja zu eigen machen wollen, bedeuten und welche Stelle sie im Gesamtwerk des Lukas (Lukasevangelium und Apostelgeschichte) einnehmen. Zweitens fragte ich mich, was mir diese Stellen im Licht der Erfahrung des Ignatius von Loyola und somit des ignatianischen Exerzitienweges sagen. Und die dritte Frage: Was sagen sie mir im Licht meiner eigenen geistlichen Erfahrung, meines Glaubenslebens? Ich habe meine Überlegungen in fünf Punkte gegliedert:

– Die erste Reflexion betrifft das „Dies ist", z. B. in Apg 2, 16. Die Einheitsübersetzung gibt es leider nicht wieder, sondern sagt: „Jetzt geschieht". Im griechischen Urtext heißt es klarer: „Das ist das, was" geschieht. Das verweist auf die ganz bestimmte Gegenwartserfahrung, von der die Verkündigung ausgeht.

– Die zweite Reflexion betrifft den in der Heilsbotschaft Handelnden: Gott, den Schöpfungsgott.

– Die dritte: Die Mitte der Heilsbotschaft ist der „verherrlichte Verstoßene"; der von der Welt Verstoßene ist von Gott verherrlicht worden.

– Die vierte Reflexion betrifft die „Gabe": Der verherrlichte Verstoßene schenkt den Geist, schenkt die Verheißung.

– Die fünfte: Diese Gabe wirkt die Vergebung der Sünden.

1. Wovon geht die Verkündigung aus?

Die Verkündigung geht von der in diesem Fall überwältigenden Erfahrung eines gegenwärtigen Ereignisses aus, nämlich von der Heilung des Gelähmten in Apg 3, 16: Der Glaube an den Namen Jesu hat „den Mann hier, den ihr seht und kennt, zu Kräften gebracht", also erkläre ich euch „das", was ihr vor Augen habt, seht und hört. Auch in Apg 2, 33 finden wir die Berufung auf das, was man im jetzigen Augenblick erlebt: „Nachdem er durch die rechte Hand Gottes erhöht worden war und vom Vater den verheißenen Heiligen Geist empfangen hatte, hat er ihn ausgegossen, wie ihr seht und hört." „Er hat ihn ausgegossen", und dies könnt ihr „sehen und hören". So auch in den weiteren Kapiteln. In Apg 10,34–46 ist die Erfahrung, die Petrus erlebt und deren Sinn er nach und nach erklärt, der allgemeine Anruf Gottes. Petrus sagt zu Beginn: „Wahrhaftig, jetzt begreife ich, daß Gott nicht auf die Person sieht, sondern daß ihm in jedem Volk willkommen ist, wer ihn fürchtet und tut, was recht ist." „Von da aus" verkündet er dann das Wort: Gott hat durch Jesus Christus sein Wort des Glaubens ausgerichtet und allen das Heil angekündigt. Und so auch in Apg 14 die Heilung des Gelähmten in Lystra, in Kapitel 17 die gegenwärtige religiöse Lage in Athen und in Apg 13, wo die Heilsbotschaft selbst zur Gegenwart wird und Paulus die Verheißung verkündigt, die jetzt an uns ergeht.

Wir müssen also die Heilsbotschaft des Lukas als etwas nehmen, das in diesem Moment Teil unserer eigenen Erfahrung ist, uns in der Gegenwart trifft und uns erklärt, was wir jetzt in der Kirche, in der Gemeinde, in der jetzigen „Jahreszeit" der Seele – ob es nun Herbst, Winter, Frühling oder Sommer in uns ist – erleben. Dieser Moment ist unser „gegenwärtiger Zustand", wie Paulus in 2 Kor 5,2 sagt; es ist der „günstige Moment", die Zeit des Heils. Das Verkündigungswort ruft uns in der Gegenwart im Namen Gottes an, um uns zu sagen, welchen Sinn das hat, was wir im jetzigen Augenblick erleiden oder worüber wir uns jetzt freuen und frohlokken.

Ein zweiter Aspekt der lukanischen Heilsbotschaft: Diese unsere Gegenwart steht unter einem allumfassenden Plan, der von Gott stammt und an dem Gott immerfort wirkt. Gott ist die Mitte von allem, der Träger von allem. Gott hat dies gewirkt, dies gegeben in Christus; er hat ihn auferweckt.

2. Der Gott der Schöpfung

Vergegenwärtigen wir uns also den, auf den sich unser ganzes Leben und alles, was wir tun, bezieht. Sinnen wir in Anbetung und Verehrung über den Gott nach, den die Heilsbotschaft des Lukas vor uns hinstellt, den Gott der Schöpfung, der den Himmel und die Erde und alles, was in ihr ist, gemacht hat (vgl. Apg 14.15 und 17,24). Gott der Schöpfer ist stets der Urgrund; nichts, was wir erleben, steht außerhalb seines Wirkens. Gott ist überall gegenwärtig; seine Gegenwart ist notwendig für alles, was unter dem Himmelsgewölbe ist. Er ist der Gott der Väter, der Gott Abrahams, Isaaks und Jakobs. Gott bleibt in den wechselvollen Geschehnissen der Geschichte treu; seine Treue erstreckt sich über Generationen bis auf uns. Er ist der Gott des Ignatius, der Gott derer, die uns im Glauben unterrichtet haben; der Gott, der durch alle Generationen hindurch treu ist und die Kirche in ihrer jetzigen Situation nicht im Stich läßt, sondern jetzt ihr nahe ist. Er ist also der Gott, der Vertrauen verlangt, weil er ein treuer Gott ist, der uns nicht verläßt und darum von uns fordert, daß wir ihm in allem Dunkel der Gegenwart völlig vertrauen. Betonen wir diesen so wichtigen Punkt: Gott verlangt von uns unbedingtes, grenzenloses Vertrauen, ein Vertrauen, das dem Tod und allem, was an uns herankommt, standhält. Ein totales Vertrauen.

3. Der verherrlichte Verstoßene

Dieses totale Vertrauen gründet sich auf das zentrale Geheimnis der Geschichte. Und dies ist der dritte Punkt unserer Betrachtung: der verherrlichte Verstoßene. Das zentrale Heilsereignis wird hier mit Bedacht nicht einfach als Tod und Auferstehung Jesu bezeichnet, sondern besteht darin, daß Gott den verherrlicht, den die Welt verstoßen hat, den die Menschen abgelehnt haben. Dies ist das zentrale Heilsereignis, die frohe Botschaft: Gott verherrlicht, Gott rettet, und er rettet gerade den, den die Geschichte zermalmt zu haben scheint. Somit befinden wir uns hier vor dem Herzen des Mysteriums, und ich glaube, daß von hierher Ignatius der Gedanke gekommen ist, daß wir unsere Wahl vor einem verstoßenen, verachteten, erniedrigten Herrn treffen sollen.

Gott greift also in die Geschichte dadurch ein, daß er alles Augenscheinliche auf den Kopf stellt. Maria sagt dies in ihrem Magnificat und deutet das Wirken Gottes in der Geschichte so: Gott stürzt die Mächtigen vom Thron und erhöht die Niedrigen. Gott erwählt die Schwachen, er erwählt – wie wir heute sagen würden – die Randfiguren, die Sünder. So wie er die Geschichte auf den Kopf gestellt hat, indem er den verachteten Christus auferweckte, und wie er in der Geschichte dem äußeren Anschein entgegen handelt, so schickt er die Reichen mit leeren Händen fort, nimmt aber die Armen auf und stillt ihren Hunger. In der lukanischen Fassung der Seligpreisungen heißt es: „Selig, ihr Armen ...!; weh euch, ihr Reichen!" (Lk 6, 20–26). Und dieses umstürzende Handeln Gottes in der Geschichte, dessen Zeugen wir sind, muß jetzt bewirken, daß unser Leben – wenn es wirklich ein Leben des Glaubens ist – ein Zeugnis darstellt, weil wir in uns selbst, in unserem Fleisch erfahren, wie Gott uns umkehrt und unsere Armut annimmt, unsere Selbstgenügsamkeit aber zurückweist.

4. Die Gabe des Geistes

Das Heil, das in Christus für alle erwirkt worden ist, wird uns als Geist mitgeteilt. Die Verkündigung des Lukas legt großen Wert auf die Verbreitung, auf die Ausgießung des Geistes. Der Geist ist an die Verheißung gebunden; er bekundet uns, daß Gott in der jeweiligen Gegenwart treu ist. Der Gott der Väter, des Glaubens der Kirche, des Ignatius, unserer Heiligen wird uns auch heute noch geschenkt im Heiligen Geist. Dieser ist das Herz des Heils, das in uns gewirkt wird; er ist eine neue Lebenskraft, die uns von innen her zufließt. Der „Geist" ist in der Bibel das, wodurch Adam lebt, etwas, das dem toten Stoff von innen her Leben gibt und kraft des Leidens und der Auferstehung Jesu Christi uns als gegenwärtige Heilsgabe, als Umstürzung der Situation der Geschichte geschenkt wird.

5. Die Sündenvergebung

Noch einen weiteren Aspekt der Gegenwart Gottes in der Geschichte verknüpft die Heilsbotschaft unmittelbar mit dem Geist: die Vergebung der Sünden. Es finden sich viele Äußerungen (es wäre aufschlußreich, sie eine nach der anderen zu besehen und zu erwägen), in denen Lukas die Sündenvergebung als besonders wertvolle Gabe hervorhebt. Man könnte vom Schluß des Lukasevangeliums ausgehen: „So steht es in der Schrift: Der Messias wird leiden und am dritten Tag von den Toten auferstehen, und in seinem Namen wird man allen Völkern, angefangen in Jerusalem, verkünden, sie sollen umkehren, damit ihre Sünden vergeben werden. Ihr seid Zeugen dafür" (Lk 24, 46–47). Hier werden die Verheißung, die Bekehrung und die Sündenvergebung eng miteinander verbunden. Um die Vergebung der Sünden besser zu verstehen, sollten wir nicht einfach an die Sünde als an eine objektive Schuld denken, als an etwas, das da ist und dann weggeschafft, vergeben, verziehen wird.

Der griechische Ausdruck, den Lukas verwendet, besagt Befreiung von den Sünden als von einer Last, so daß wir wieder aufatmen können. Das gleiche Wort wird auch im grundlegenden Abschnitt seines Evangeliums verwendet: „Der Geist des Herrn ruht auf mir ... Er hat mich gesandt, damit ich ... den Gefangenen die Entlassung verkünde" (Lk 4, 18). Somit handelt es sich um ein Befreien, ein Wegnehmen der Last, ein Lösen von Ketten. Darum können wir die Heilsbotschaft als die Verheißung auffassen, daß diese Last, die Sünde, als Situation, die unser Leben belastet, von uns genommen wird.

Unter Situation, die uns belastet, verstehe ich unser Unvermögen, den Lebenssituationen in Glaube, Hoffnung und Liebe zu begegnen, und daß wir statt dessen mit Bitterkeit, Mißmut und Verärgerung auf sie reagieren. Das also macht die Last unserer Sünde aus: daß wir nicht imstande sind, in Liebe, Ehrfurcht und Dienstbereitschaft zu leben, daß wir an den Karren der Enttäuschung, der Kleinkrämerei, der Traurigkeit, der Unechtheit gespannt sind und unseren Aufgaben in Gemeinschaft und Apostolat so wenig gerecht werden. All dies ist Last. Jetzt, zu Beginn des Bußteils der Exerzitien, möchte ich einladen, beim Überdenken dieser Texte sich zu fragen: Was belastet mich in meinem Leben in der Gemeinschaft, in meinen mitmenschlichen Beziehungen? Ist es mein Unvermögen, in eine wirklich klare, echte Beziehung einzutreten? Sind es widrige, erstickende Lebenssituationen? Mißerfolge, Schwierigkeiten oder Selbstüberforderungen, die mich daran hindern, wirklich auf die anderen zu hören? All dies ist eine Last, von der (wie die Heilsbotschaft sagt) nur die Gabe des Heiligen Geistes uns befreien kann, die uns neue innere Lebenskraft schenkt. Es geht also der Heilsbotschaft zufolge nicht darum, „gut zu werden", sondern „nach dem Geist zu suchen", „Gott zu vertrauen", der als treuer Vater zu uns kommt und so, wie er den Verstoßenen verherrlicht hat, auch uns Kraft zum Heil geben kann. Die Macht Gottes, die die Geschichte umstürzt, ist für uns da.

6. Verfügbar sein für Christus

Zuletzt könnten wir uns nach dem Zusammenhang zwischen der Heilsbotschaft und dem Fundament der ignatianischen Exerzitien fragen.

Zwischen beidem bestehen manche Analogien, aber auch manche Unterschiede. Das Fundament ist die Grundlage zu einer recht konkreten Wahl (zur Wahl des Lebensstandes und zu damit zusammenhängenden Entscheiden) und betont deshalb die Notwendigkeit, verfügbar zu sein. Die Heilsbotschaft des Lukas hingegen gibt uns den Gesamtrahmen, in den diese Haltung der Verfügbarkeit einzuordnen ist: In der Geschichte kommt Gott uns nahe. So, wie er den verstoßenen Christus verherrlicht hat, bietet er mir, der ich an der Erniedrigung Christi teilhabe, an, mich innerlich zu beleben durch ein Leben im Geist und im Einklang mit seinen Entscheiden. Dieser Gott ist imstande, mein Leben umzukehren und mich dahin zu bringen, daß ich meine Armseligkeit einsehe, aber auch, innerlich erneuert, seinen Willen erfülle. Versetzen wir uns in Anbetung, Lobpreis und Dank gegenüber diesem Gott.

Gott, unser Vater, du Gott Abrahams, Isaaks und Jakobs, Vater unseres Herrn Jesus Christus, Gott des Ignatius und all unserer Heiligen, sieh auf uns, die wir dein Wirken erfassen möchten. Gib uns einen vom Glauben erhellten Blick, damit wir in Demut und Ruhe deinen Heilsplan betrachten und ihn in diesem Moment unseres Lebens, unseres Landes, der Kirche und der Welt als „Wort" der Sündenvergebung entgegennehmen können. Laß in diesem Moment des Lichtes und der Dunkelheit uns dieses Wort, das Leben gibt, das umgestaltet, demütig entgegennehmen.

Wir bitten dich darum durch Christus, unseren Herrn. Amen.

Die bloß halbe Botschaft

Die Jünger von Emmaus

Im vierten Zusatz der „Geistlichen Übungen" empfiehlt Ignatius, das „id quod volo" der Exerzitien, also das, was ich im Grunde will, zu bestimmen und immer klarer hervortreten zu lassen. Und da es der Herr ist, der es in uns hervorbrechen läßt, wollen wir diese Meditation in Psalm 63 (62) durch ein Gebet des Verlangens beginnen:

> *Gott, du mein Gott, dich suche ich,*
> *meine Seele dürstet nach dir.*
> *Nach dir schmachtet mein Leib*
> *wie dürres, lechzendes Land ohne Wasser.*
> *Darum halte ich Ausschau nach dir im Heiligtum,*
> *um deine Macht und Herrlichkeit zu sehen.*
> *Denn deine Huld ist besser als das Leben;*
> *darum preisen dich meine Lippen ...*
> *Meine Seele hängt an dir,*
> *deine rechte Hand hält mich fest.*

Vater, die Kraft Deiner Rechten halte uns, damit aus uns hervorbricht, was du in diesem Zeitpunkt der Kirche und unseres persönlichen Lebens in uns wirken willst. Wir bitten dich darum, Vater, in der Gewißheit, daß wir erhört sind im Namen Jesu Christi, unseres Herrn, Amen.

Der folgenden Meditation könnten wir in bezug auf die vorhergehende den Titel geben „Die halbe Botschaft" und den Untertitel „Wohin Lukas den Theophilus bringen will", d. h. das „id quod volo" des Lukas für Theophilus.

Diese beiden Aspekte wollen wir aus der an Bedeutungen so überreichen Geschichte von den Emmausjüngern (Lk 24, 13–35) herauslesen.

Lukas hat für diese Episode seine ganze Erzählkunst, seine ganze Psychologie und Theologie aufgeboten. Es handelt sich um eine zusammenfassende Episode, bei der die Gefahr besteht, sich in Einzelheiten zu verlieren. Betrachten wir die Szene und lassen wir sie dann auf uns wirken im Zusammenhang mit der Frage: Was will ich, welches Verlangen gibt der Herr mir ein; wonach habe ich in diesem Zeitpunkt meines Lebens und des Lebens der Kirche, in der besonderen Situation meines Aufgabenbereichs zu streben, in dieser Zeitenwende, die jeder von uns erlebt, in der eigenen Erfahrung, aber auch beim Hochkommen der allgemeinen Erfahrung, der Agonie, der Geburtswehen der Welt von heute?

Ich werde mich darauf beschränken, an dieser Episode in aller Kürze einige Aspekte hervorzuheben, die mir im Hinblick auf unser Thema besonders viel zu denken geben: 1) die beiden Jünger, die auf dem Weg nach Emmaus sind; 2) Jesus und die Art und Weise, wie er sich nähert; 3) die halbe Botschaft, die die beiden verkünden; 4) die eigentliche Heilsbotschaft, die als Reaktion auf die bloß halbe von Jesus verkündet wird; 5) die neubegonnene Brüderlichkeit; 6) das Ziel, zu dem Lukas den Theophilus bringen will, zu dem er auch uns bringen will, also schließlich die Frage, wohin der Herr mich bringen will.

1. Die beiden Jünger auf dem Weg nach Emmaus

Wer sind die beiden, die zu einem Dorf auf dem Weg sind, das sechzig Stadien von Jerusalem entfernt ist und das vielleicht auch wir einmal durchquert haben und uns somit vorstellen können? Lukas sagt klar, daß es zwei von der Gruppe, also zwei von denen sind, die die Worte von Magdalena, Johannes, Maria, Jakobus gehört, ihnen aber kein Gewicht beigemessen haben und darum am Ostermorgen weggehen. Es sind also zwei von der Gruppe der Jünger, zwei „Hochgebildete", könnten wir sagen. Auch sie waren durch die Schule Jesu gegangen. Sie hatten die Seligpreisungen, die Gleichnisse von der Barmherzigkeit Gottes, die Aufforderungen Jesu, auf alles zu verzichten und sein Leben hinzugeben, sowie seine Worte über das Ärgernis des Kreuzes entweder unmittelbar gehört oder indirekt vernommen. Also hat es ihnen nicht an Belehrung gefehlt. Doch was tun sie? Als ich wieder einmal die Erzählung über die Begegnung der Emmausjünger mit dem Auferstandenen las, fiel mir auf, daß die Stelle Lk 24,15, die in der Einheitsübersetzung mit „Während sie redeten und ihre Gedanken austauschten" wiedergegeben wird, im griechischen Urtext viel markanter lautet: „Sie disputierten, sie diskutierten lebhaft" (das zweite Wort hat diese Färbung). Die beiden sind also nicht bloß ein wenig enttäuscht, sondern sie sind verwundet, verwundet in ihren Hoffnungen. Sie waren nicht ungeschoren davongekommen, denn sie hatten etwas von sich engagiert und fühlten sich nun von etwas, von jemand enttäuscht. Sie hätten irgendwie aufgebracht sein können gegen Jesus; vielleicht dachten sie: „Er hat uns hereingelegt".

Sie sprechen also nicht einfach über ein trauriges Ereignis, sondern die beiden scheinen einander Vorwürfe zu machen: „Warum sind die Dinge so verlaufen? Wer ist schuld daran?" Und Jesus fragt sie: „Warum schaut ihr so traurig drein?" (V. 17), man könnte sagen: „Warum macht ihr ein so finsteres Gesicht?" – so finster, wie jemand dreinschaut, der sieht, wie das, worauf er sich verlassen hat, zusammengebrochen ist. Und ich stelle mir die Situation ähnlich vor wie die, zu der es manchmal bei uns, in unseren Gemeinschaften kommt, wenn man herauszufinden sucht, wer schuld daran ist, daß etwas schief läuft, daß es mit der Kirche schlecht steht, daß es mit diesem oder jenem schlecht steht ... Schuld der einen, Schuld der anderen; Schuld dessen, der auf diese Seite zieht; Schuld dessen, der auf jene Seite zieht. Wir erleben eine ähnliche Situation, wenn die Diskussion den Ton annimmt, der anzeigt, daß wir uns im Innersten verletzt, in unseren Hoffnungen betrogen fühlen von jemand, der anders gehandelt hat, als es uns recht war, und der in unsere Gemeinschaft eine Spaltung gebracht hat.

In vielen von uns, in uns allen sind solche Besorgnisse, solche Fragen wie die der Emmausjünger vorhanden, wenn auch vielleicht bloß als stilles, auf sich genommenes Leiden, das aber nach einer Antwort verlangt. Ich höre aus diesen Fragen heraus: „Wenn doch Gott selbst, der allmächtige Vater, Gegenstand der Verkündigung ist, warum haben ihn dann die weitaus meisten noch nicht einmal verkündigen gehört oder warum weisen sie ihn zurück? Warum gebe ich dann die Heilsbotschaft so kraftlos wieder, mit einem Gefühl der Vergeblichkeit, das man mir anmerkt? Wie soll ich mich zu diesem Versagen verhalten? Was soll ich tun, um ein wirksames Werkzeug zu werden und viele zu erreichen?" Und wenn wir uns mit den großen Revolutionären vergleichen, die die Massen ansprechen und ganze Kontinente in Bann ziehen, müssen wir uns unwillkürlich fragen: „Kann Gott damit einverstanden sein, immer ein im Boden verborgener Same zu bleiben? Sind nicht wir schuld daran? Wo liegt unser Fehler?" Um solche Fragen mag sich – leiser oder lauter, verhaltener oder schroffer – das Gespräch der beiden von Emmaus gedreht haben und die Gespräche in unseren Gemeinschaften drehen sich weiter um die gleichen Fragen.

2. Wie sich Jesus nähert

Und was tut Jesus? Er nähert sich den beiden Jüngern, paßt sich ihrem Schritt an und beginnt mit ihnen zu sprechen. Nach meinem Empfinden brauchte es für Jesus Mut dazu; es ist nicht immer leicht, sich einzuschalten, wenn zwei Menschen miteinander diskutieren; man fühlt sich als Außenstehender. Jesus nähert sich ihnen geduldig, auch auf die Gefahr hin, sie in Verlegenheit zu bringen.

Sie sind wohl nicht sehr entzückt darüber, daß nun ein Fremder da ist, reden sie doch über Dinge, die für sie sehr aufregend sind. Doch Jesus gesellt sich mutig zu ihnen und stellt eine Frage, auf die er zunächst eine eher mürrische Antwort erhält: „Was! Wer bist du? Woher kommst du denn? Lebst du denn auf dem Mond?" Jesus läßt sich von dieser anfänglichen Widerspenstigkeit nicht abschrecken – die beiden sind eben ganz aufgeregt und aufgewühlt – und stellt eine zweite Frage, die dieses anfängliche Mißtrauen behebt: „Sagt mir, um was handelt es sich denn?"

Merken wir, wie einfühlsam Jesus vorgeht. Wir hingegen sind manchmal versucht, solche Ausbrüche und

tiefen Gemütsregungen in uns oder anderen zu erstik-
ken. Jesus aber fordert dazu auf, sich zu äußern, diesen
Gefühlen und Emotionen, mögen sie noch so belastend
sein, freien Lauf zu lassen, Jesus unterdrückt nicht, sondern läßt zum Ausdruck kommen.

3. Die halbe Botschaft

Nun geben die beiden Jünger die Botschaft an Jesus weiter. Seltsam, aber wahr: Was sie sagen, ist eine Verkündigung. Ihre Worte gleichen denen, womit in der Apostelgeschichte ein Teil der Heilsbotschaft ausgespro-
chen wird: „Jesus von Nazaret, ein Prophet, mächtig in
Wort und Tat vor Gott und den Menschen, hatte uns
fasziniert. Doch die Priester haben ihn ausgeliefert, ihn
zum Tod verurteilt, ihn ans Kreuz schlagen lassen."

Es ist die Redeweise, in der die Verkündigung erfolgt,
doch ist es erst die Hälfte der Heilsbotschaft. Was die
beiden verkündigen, sind „Heilsereignisse", die auch
wir verkündigen („gelitten unter Pontius Pilatus, ge-
kreuzigt, gestorben und begraben"), doch sie werden
nicht in ihrer Heilswirkung gesehen; sie werden ihrer
vom Ziel bestimmten Qualität und Bedeutung beraubt.
Es sind für die Jünger dramatische Geschehnisse, die sie
erlebt haben und von denen sie erschüttert worden
sind. Sie können nicht einfach sagen: „Es ist eigentlich
nur halb so schlimm; Jesus hat manches Gute gesagt
und etwas davon wird bleiben." Nein, es sind ganz
schlimme Dinge; es handelt sich um eine entscheidende Niederlage, um etwas, das nicht hätte geschehen
dürfen.

Das, was die beiden dramatisch erlebt haben, ist die-
jenige Wirklichkeit, welche die Hälfte der Heilsbotschaft ausmacht. Diese Wirklichkeit wird in ihrer gan-

zen Objektivität genommen, aber nicht durchsichtig gemacht auf die Ereignisse der Auferstehung und Verherrlichung. Es ist eine Wirklichkeit, die blockiert, die den Sinn der Geschichte verstellt, die in Traurigkeit endigt – die düstere Seite. Dies kommt oft vor: Man läßt sich durch den Mißerfolg lähmen, starrt nur immer auf die dunkle Seite, schließt die Augen selbst vor den Elementen, die einen Hinweis darauf bilden könnten, daß es sich im Grunde anders verhält. „Ja, die Frauen sind ans Grab gegangen und haben gesagt ...". Aber all das spricht nicht an, denn der Block der negativen Geschehnisse hat eine so heftige Erregung, Enttäuschung, Erbitterung hervorgerufen, daß kein Raum mehr ist zu einer vollständigen Deutung der Gegebenheiten; ja man steht möglichen positiven Deutungen skeptisch gegenüber.

4. Die Antwort auf die halbe Botschaft

Gegen diesen Sekptizismus wendet sich die Botschaft Jesu, eine vervollständigte Heilsbotschaft, die Jesus mit einem Anflug von Zorn vorbringt, gegenüber dieser törichten Verkürzung der Heilsbotschaft, diesem Geschmack am Tod als solchem, diesem Hang, sich am Gram zu weiden. Kommt es nicht auch bei uns oder uns Bekannten vor, daß man sich in Gram versinken läßt, daß man geradezu Gefallen an ihm findet und sich weigert, auch nur an die Möglichkeit zu denken, daß man alles auch anders auffassen könnte? Kommt es in gewissen Momenten nicht auch in der Kirche vor, daß man sich in Gram verkriecht, daß man nur noch negative Auffassungen über das, was man erlebt und erleidet, annimmt? Dies hat dann zur Folge, daß man sich zum Leiden falsch einstellt und daß es schwer, wenn nicht unmöglich wird, den Glauben an Gott mit der Annahme von scheinbar Unannehmbaren im Leben zu vereinbaren.

Jesus reagiert also heftig gegen eine solche Mystifizierung des Todes, des Kreuzes, seiner selbst, des Mißerfolgs. Dies macht mir zu schaffen und will mir nicht aus dem Kopf, denn ich habe letzthin einige Tage in einer Gemeinschaft von Behinderten, von Invaliden gelebt und dabei bemerkt, daß sie die Predigt vom Leiden und vom Kreuz, die sie jahrelang in religiösen Instituten zu hören bekamen, heftig zurückwiesen. Invalide aller Art hatten einen Widerwillen nicht nur gegen das Wort vom Kreuz, sondern sogar gegen das Zeichen des Kreuzes bekommen. Das Leiden war ihnen gewissermaßen als Heilselement an sich hingestellt worden, so daß sie an ihrer Ohnmacht hätten Gefallen finden sollen. Als sie dann zu sehen begannen, daß sie nicht hilflos zu sein brauchen, daß also auch sie arbeiten und produzieren können, daß auch sie Gefühle haben und Gefühle ausdrücken können, die vorher unter dem Zeichen des Leidens jahrzehntelang verdrängt worden waren, kam es zu einer scharfen Kritik an diesen Reden von Kreuz und Leiden.

Dies scheint mir Folge der halben Heilsbotschaft zu sein, wie sie hier beschrieben wird, der Verkündigung, die nicht voll ausgesagt wird, sondern mehr ein Moment des Stillstands, der passiven Hinnahme, der Resignation und Bitterkeit ist, vielleicht in Opferstimmung akzeptiert, aber von dem, was ihren Wert ausmacht, vielleicht abgeschnitten – eine halbe Botschaft, die nie Evangelium, Heilsbotschaft sein kann.

Darum fährt Jesus sie an: „Begreift ihr denn nicht? Wie schwer fällt es euch, an den Gott der Väter, den Gott der Treue zu glauben! Ihr seid nicht imstande, der

Verheißung, dem Wirken Gottes zu vertrauen. Ihr wollte immer alles mit eurem Maß messen, wonach Jesus Israel nicht auf diese Weise hätte erlösen sollen, sondern so, wie ihr es für gut haltet. Er hat es auf andere Weise getan, darum ist die Sache schief gelaufen! Konnte Gott es nicht anders geplant haben? Warum vertraut ihr seinem Plan nicht?" Das ist es wohl, was Jesus zu ihnen sagt und zu uns sagt.

Und daran knüpft die ganze Katechese des Lukas an, um die Kontinuität des Heilsplans Gottes aufzuzeigen, der organisch ist und die ganze Geschichte einbegreift, aber ein unbedingtes Vertrauen verlangt, ein Herz, das bereit ist, sich hinzugeben. Diese Bereitschaft, sich anzuvertrauen, ist das Schwierigste für uns und ohne den Geist Gottes unmöglich. Jedesmal, wenn wir uns durch die eigenen Kräfte aufzuhelfen suchen, fallen wir in diese menschliche Meinung über die Pläne Gottes zurück, was zwangsläufig ein Gefühl der Bitterkeit und des Scheiterns hervorruft. Bestürzt stellen wir dann fest, wie wenig Glauben wir haben. Wir sind nicht imstande, die Geschichte in unsere Hände zu nehmen und die Situationen zu meistern, außer in totalem Vertrauen auf die Macht Gottes, in einem Vertrauensakt, den nur Gott selbst in uns hervorzubringen vermag. Und um uns dieses Vertrauen zu schenken, verkündigt Jesus die ganze Heilsbotschaft und sagt: „Eben das Ereignis, das ihr erlebt habt, gerade das, was ihr nicht zu erfassen versteht, gehört zum Plan Gottes. ‚Mußte also nicht der Messias all das erleiden, um so in seine Herrlichkeit zu gelangen?' War nicht das, was eurer Meinung nach nicht sein durfte, eben das, was Gott zufolge geschehen mußte, ein Moment seines Mysteriums zur Herrlichkeit des Herrn und folglich auch zur Herrlichkeit der Kirche?"

Und hier sehen wir, wie diese richtigstellende, befreiende Predigt in einer allmählich neu eingestimmten Atmosphäre vor sich geht. Lukas sagt uns nicht, die beiden Jünger hätten sofort geglaubt und den Herrn umfangen. Er nennt uns als erste Wirkung, daß sie ihre Aggressivität aufgegeben haben, daß sie gastfreundlich wurden und zwar sosehr, daß sie ihn baten, die Nacht bei ihnen zu verbringen. Und dann haben sie ihn zum Essen eingeladen und zuoberst am Tisch Platz nehmen lassen. Sie hatten eben verspürt, daß zwischen ihnen eine Freundschaft entstanden war, die diese Familiarität, diese Aufmerksamkeit ermöglichte. Und allmählich gehen ihnen dann die Augen, geht ihnen die Schrift auf (Lk 24, 31–32). All dies in einer Atmosphäre der Brüderlichkeit. Die Emotionen hatten sich nun verflüchtigt, nicht, weil sie verdrängt worden wären, sondern weil sie objektiv erkannt, erhellt und in der Gegenwart des Herrn erwärmt wurden.

5. Die Gewißheit: Gott ist da

Damit kommen wir zum letzten Punkt, zu der Frage: Wohin will Lukas den Theophilus und uns bringen? Er will uns nicht dazu bewegen, das Leid, das die Kirche im Rahmen des Heilsplans Gottes durchmachen muß, gedanklich zu verarbeiten, sondern er will unser Herz erwärmen. Jeder von uns könnte ja zu den Fragen, die ich eingangs erwähnt habe, fertige Antworten geben, theoretische Antworten, die für andere vielleicht gar überzeugend wären. Doch was wir nicht machen können, ist dies: unser Herz erwärmen, d. h. mit einem ganz verwandelten Herzen in diese Sicht eintreten, in die freudige Gewißheit, daß Gott jetzt da ist. Das ist es, was uns so sehr fehlt: daß unser Herz nicht nur brennt in der Agonie, im Leiden darüber, daß wir nicht sehen, sondern daß es in uns brennt auch kraft einer Gewißheit, kraft der Frohbotschaft, die wir hören, kraft der Erfahrung der Geistesfülle.

Dies scheint mir das „id quod volo" des Lukas zu sein, das, worauf Lukas hinaus will: daß uns das Herz in der Brust brennt beim Gedanken, daß Gott in der jetzigen Situation meines Lebens und der Kirche zugegen ist und daß er bei mir ist in meiner Bereitschaft, die mir bestimmte Aufgabe zu erkennen. All dies ist ein Geschenk des Heiligen Geistes; es kommt nicht von uns, kein Einander-Überzeugen kann uns dahin bringen. Nur wenn wir demütig zugeben, daß wir uneinsichtig sind und daß es uns schwer fällt, zu glauben, können wir dahin gelangen, daß wir zu Gott sagen: „Herr, gib dich uns voll zu erkennen und mache, daß das Herz in uns brennt, damit wir wissen können, was du jetzt in deiner Kirche von uns willst!

Besinnen wir uns zum Schluß erneut auf das „id quod volo": „Wonach verlange ich zutiefst; wonach läßt Gott mich tief verlangen in diesem Moment meines Gebets, in diesem Moment meines Lebens? Was läßt er mich für mich selbst und für die anderen wünschen?" Wir können uns auch fragen: „Wovor habe ich Angst, was liegt mir nicht, an was möchte ich am liebsten nicht denken, weil es mir falsch oder unbegreiflich erscheint?"

Wir müssen bei dieser Besinnung, bereit sein, Gott in uns wirken zu lassen. Und vor allem müssen wir diese Situation des Verlangens, der Furcht, des Fragens in Gebet und Glauben durchleben und versuchen, sie in einen Anruf an Gott zu fassen, um sie vielleicht zum Gegenstand unseres weiteren Betens, unserer Glaubensverkündigung zu machen und daraus unsere Wahl und

unseren Entschluß abzuleiten, gewisse Denkweisen aufzugeben und andere uns zu eigen zu machen. Wiederholen wir einige Verse aus dem Psalm des Verlangens:

> *Gott, du mein Gott, dich suche ich,*
> *meine Seele dürstet nach dir.*
> *Nach dir schmachtet mein Leib*
> *wie dürres, lechzendes Land ohne Wasser.*
> *Darum halte ich Ausschau nach dir im Heiligtum*

– und halte ich Ausschau nach dir, Herr, in meiner jetzigen Lebenssituation –,

> *um deine Macht und Herrlichkeit zu sehen.*
> *Denn deine Huld ist besser als das Leben;*
> *darum preisen dich meine Lippen ...*
> *Meine Seele hängt an dir,*
> *deine rechte Hand hält mich fest ...* *(Ps 63 (62)*
> *2–4. 9)*

Schließen wir diese Betrachtung mit der einen oder an-
deren Anrufung, um in unserem Leben den Willen Got-
tes zu erkennen:
Herr, laß mich deinen Willen erkennen!
Herr, zeige mir dein Leben!
Vater, erhelle unsern Pfad!
Zeige uns, was du in der Kirche vorhast!
Jungfrau Maria, leite uns auf den Weg der Wahrheit!
Im Namen des Vaters, des Sohnes und des Heiligen Gei-
stes.

Vierte Meditation

Ein Gott, der nach uns sucht

Gott ist erbarmende Liebe. Ignatius sagt in der zweiten Besinnung über die Sünden: „Schließen mit einem Gespräch über die Barmherzigkeit. Mit Gott unserem Herrn sich unterhalten und Dank sagen, daß er mir bis zur jetzigen Stunde das Leben geschenkt hat, dann sich vornehmen, mit Seiner Gnade in Zukunft sich zu bessern" (Nr. 61).

Ich habe diese Stelle des Exerzitienbuches angeführt, weil ich die Betrachtungen über die Buße mit der Meditation über die Barmherzigkeit Gottes beginnen möchte. Nachdem wir über die Heilsbotschaft nachgedacht haben, daß Gott uns rettet, weil er den von den Menschen verstoßenen Jesus verherrlicht und den Ruf zur Bekehrung und Buße an uns richtet, wollen wir uns fragen: Wer ist dieser Gott, der uns zur Bekehrung einlädt? Er ist der erbarmende Gott.

Zum Ausgangspunkt für diese Betrachtung will ich einen Satz von Schwester Speranza nehmen, der mich tief beeindruckt hat: „Wir müssen so handeln, daß die Menschen Gott nicht für einen solchen Vater halten, der über den Undank seiner Kinder erbost ist, sondern für einen guten Vater, der mit allen Mitteln darauf ausgeht, sie zu ermutigen, ihnen zu helfen und sie glücklich zu machen, und der ihnen nachgeht und in unermüdlicher Liebe nach ihnen sucht, wie wenn er ohne sie gar nicht glücklich sein könnte."

1. Die drei Gleichnisse über Verlorenes

Wenn wir über diese Worte nachdenken – „er geht ihnen nach und sucht nach ihnen in unermüdlicher Liebe" –, so kommen uns die drei Gleichnisse über Verlorenes in Kapitel 15 des Lukasevangeliums in den Sinn: vom verlorenen Schaf, von der verlorenen Geldmünze und vom verlorenen Sohn. Im Nachsinnen über Gottes Erbarmen denken wir über uns selber nach, über uns, nach denen er voller Angst und Eifer sucht, insofern wir verlorengegangen sind und uns verirrt haben, insofern wir in eine finstere Schlucht geraten sind. In dieser Sicht wollen wir über das 15. Kapitel des Lukasevangeliums nachdenken.

Ich will zu diesen Gleichnissen nur einige Gedanken vortragen, die sich wie von selbst ergeben, und mich nicht in alle möglichen psychologischen Aspekte vertiefen – wie dies vor allem beim dritten Gleichnis, dem vom verlorenen Sohn, leicht der Fall sein kann –, bei denen man bekanntlich zu keinem Ende kommt. Lukas hat eben auch hier seine ganze religiöse Seelenkenntnis aufgeboten, um uns zu zeigen, wie angelegentlich Jesus sich darum bemüht, uns Gottes wahre Beziehung zu den Menschen aufgehen zu lassen.

Ich möchte in folgenden Denkschritten vorgehen: 1. die landläufige Meinung von Gott, von der Jesus in seiner Belehrung ausgeht; 2. das Verlieren: Wer oder was geht verloren?; 3. die Suche; 4. die Aufnahme; 5. Wem gilt dieses Suchen? Und zum Schluß die weitere Frage: Wie gliedert sich diese Lehre in den geistlichen Weg des Theophilus und in unseren Weg ein?

2. Die allgemeine Meinung von Gott

Die landläufige Meinung von Gott, von der diese
Gleichnisse ausgehen, wird, wenigstens indirekt, ausge-
drückt in Lk 15, 1–2: „Alle Zöllner und Sünder kamen
zu ihm, um ihn zu hören. Die Pharisäer und die Schriftgelehrten empörten sich darüber und sagten: Er gibt
sich mit Sündern ab und ißt sogar mit ihnen". Welche
landläufige Meinung über Gott steckt hinter dieser Re-
aktionsweise? Die, wonach Gott ein Ordnungs- und Ge-
setzeshüter ist, ein Schützer der eisernen Gerechtigkeit,
so daß jemand, der sich außerhalb des Gesetzes und des
Rechtes stellt und sich vom schnurgeraden Weg entfernt, nicht würdig ist, daß Gott ihm nachgeht. Gott
führt sein Volk, sein Werk mit Bestimmtheit und Ent-
schiedenheit voran. Er ist nicht einer, der solchen, die
vom Wege abkommen, dahin und dorthin nachläuft.
Gott will vor allem die Beobachtung des Gesetzes und
ihm mißfällt die Gesetzesübertretung aufs höchste.
Klar, so und so viele Aussagen der Bibel gehen in diese
Richtung und daraus entsteht, wie Schwester Speranza
sagt, ein Gottesbild, wonach Gott der Vater durch den
Undank seiner Kinder gekränkt wird, über diesen Undank aufgebracht, betrübt, ungehalten ist und infolge-
dessen besänftigt werden muß. Wir können sämtliche
gültigen Elemente dieser Auffassung beibehalten, aber
diese Gleichnisse weisen uns darauf hin, wie aus dieser
Sicht eine falsche Geisteshaltung entstehen kann, und
eben diese will Jesus brandmarken.

An diesem Punkt ist es wohl sehr angebracht, daß
wir im Gebet die Frage an uns stellen: Herr, welches
Bild mache ich mir von dir, von der Welt, von der Kirche und auch von mir selbst? Wie empfinde ich dich,
Herr und Vater, in deiner Haltung mir gegenüber: als

den, den ich kränke, dem ich gehorchen muß, dessen Gebote ich übertreten kann, oder als den, der nach mir sucht, der mir nachgeht, der nicht ohne mich sein kann?

Aus einer solchen falschen Geisteshaltung entstehen dann auch gewisse Auffassungen, an denen die christliche Seele zu scheitern droht, denken wir an die Hölle, die Bestrafung der Sünde. Wir würden es uns allzu leicht machen, wenn wir, wie einige es tun, diese Wirklichkeit völlig unter den Tisch wischen und behaupten würden, es gebe sie gar nicht. Andererseits aber sehen wir, daß sie ihr Maß nehmen muß an der Sicht Gottes, der uns in Liebe nachgeht und alles tut, damit wir nicht fern von ihm bleiben, indem er jedem Menschen, auch auf geheimnisvolle Weise, alle Heilsmöglichkeiten gibt. Wenn er hingegen als jemand hingestellt wird, der beständig mit Verdammung droht und über allem, was wir tun, als Drohung schwebt, dann kann der Gedanke an die Bestrafung zu religiöser Entfremdung, zu Ängsten und zu Erbitterung gegen Gott führen. Vor allem bei religiös feinfühligen Menschen finden sich nicht selten diese unbewußten oder unterbewußten Regungen der Erbitterung gegen Gott, die mit einem ausdauernden, strengen Glaubensleben zusammenbestehen, sich aber bei genauer Prüfung als Elemente einer nicht gut integrierten, nicht dem Evangelium entsprechenden Sicht des Christentums erweisen. Dieses wird nicht als Frohbotschaft empfunden, sondern wird als Zwang, als Triebfeder zur Anstrengung, als Wille zur Selbstüberwindung erlebt.

Natürlich ist das Thema, was „nach" unserem Leben kommt, nicht leicht, sondern äußerst heikel, doch gerade deshalb ist es mit Hilfe des Evangeliums ins rechte Licht zu rücken im Gegensatz zu voreiligen Schemati-

sierungen und extremen Haltungen jeder Art. Bitten
wir also den Herrn demütig, uns eine wahre, klare, tiefe
Kenntnis von ihm zu schenken, denn diese Kenntnis
geht uns ab. Diese Kenntnis macht stets neue Entdek-
kungen und hat stets neue Möglichkeiten, sich wahr-
heitsgetreuer zum Ausdruck zu bringen.

Wer also ist dieser Gott, den Jesus hier schildert? Er
ist, wie wir mit einem Ausdruck sagen könnten, der
blasphemisch oder übertrieben erscheinen mag, ein
Gott, der „den Kopf verloren" hat, wenig interessanten
Personen nachläuft, ziemlich seltsame Dinge tut. Und
wenn uns der Ausdruck übersteigert vorkommt, wollen
wir an das denken, was Ignatius sagt: Ich verlange mehr
danach, „für einfältig und töricht gehalten zu werden
als für weise und klug in dieser Welt – um Christi willen, der zuerst als solcher angesehen wurde" (Exerzitienbüchlein, Nr. 167).

Jesus hat nicht wie ein Machthaber gehandelt, dem
es vor allem darum zu tun ist, sein Werk voranzutrei-
ben, und der denjenigen, der nicht mitmacht, fallen
läßt, sondern er hat sich wie jemand verhalten, der den
ganzen Haufen wichtiger Dinge beiseiteschiebt, um diesem oder jenem Vereinzelten nachzugehen, das sich
verlaufen hat. Ihm ist eine paradoxe Sehweise zu eigen,
die unglaublich menschlich ist, will sagen unglaublich
fähig, sich leidenschaftlich um jemand zu kümmern. In
dieser Richtung könnten sich unsere Überlegungen
über diese drei Gleichnisse bewegen.

3. Das Verlieren

In allen drei Gleichnissen ist vom Verlieren die Rede:
„Freut euch mit mir, denn ich habe das Schaf wiedergefunden, das verloren war" (Vers 6); die Frau sagt: „Ich

habe die Drachme wiedergefunden, die ich verloren hatte" (Vers 9); und der Vater sagt zum Schluß: „Dein Bruder ... war verloren und ist wiedergefunden worden" (Vers 32).

Hier möchte ich einen Aspekt hervorheben, der mich sehr beeindruckt: Was ist mengenmäßig verloren gegangen? Im Grunde nicht viel: bloß ein Schaf von hundert Schafen, eine Drachme von zehn Drachmen, ein Sohn von zweien. Dies kann seltsam anmuten, auch deshalb, weil es zu Beginn des Kapitels hieß: „Alle Zöllner und Sünder kamen zu ihm" (Vers 1) – „alle". Darum hätten wir erwarten können, daß sich das Gleichnis wie folgt abspielen würde: Ein Hirt hat seine Herde verloren und geht auf die Suche nach ihr, oder, wie das vorgekommen ist: Alle Esel Sauls haben sich verlaufen und man geht sie suchen (1 Sam 9). Hier hingegen scheint mir das Gleichnis mit Bedacht zu sagen, daß es sich um bloß einen Teil handelt, ja manchmal um einen winzigen Teil. Es ist schon genug, betont das Gleichnis, wenn ein einziger Mensch verloren geht.

Gott scheint sich hier nicht um sein Volk im allgemeinen zu kümmern, sondern gerade um den einen, der weggelaufen ist. Die ganze Herde scheint ihn weniger zu interessieren als dieses eine Schaf der Herde. Dies erklärt die verwunderliche Aussage des Gleichnisses, die der Wirklichkeit ein wenig Gewalt anzutun scheint: Der Hirte lasse die neunundneunzig anderen in der Steppe zurück. Für gewöhnlich sind die Hirten zu zweit oder zu dritt; wenn also einer weggeht, läßt er den anderen die Schafe hüten. Davon ist aber im Gleichnis nicht die Rede, und das mutet etwas seltsam an. Die Schafe in der Steppe zurückzulassen, ist unvorsichtig, doch drängt sich eben der Gedanke auf: Nicht ein einziges darf verloren gehen; schon ein einziges hat für den

Hirten einen ganz hohen Wert. Der Kontrast neunundneunzig gegen eines springt in die Augen, auch der Kontrast neun gegen eins bei den Drachmen. Etwas weniger kraß ist er im Gleichnis von den beiden Söhnen, doch auch hier fehlt er nicht. Denken wir uns aus, wie Menschen normalerweise reagieren, wenn Derartiges in ihrer Familie vorkommt: „Wenigstgens einer ist mir geblieben; dieser Sohn ist mein Trost, der andere ... ist eben fort, es ist mir nicht gelungen, ihn zu halten." Hier hingegen begnügt sich der Vater nicht mit dem ihm verbliebenen Sohn; er kümmert sich um den anderen. Also wird betont: Ein Einziger ist verloren gegangen, aber ein Einziger genügt, damit Gott sozusagen außer sich gerät, zuerst im Suchen, dann in der Freude.

4. Die Suche

Auf das Verlieren folgt ein Suchen. Wir sahen schon, wie das Suchen des Hirten hervorgehoben wird: Er läßt die neunundneunzig in der Steppe zurück, geht auf die Suche nach dem verlorenen Schaf und sucht und sucht, bis er es gefunden hat. Der Hirt sucht unermüdlich und höchst aufmerksam: er schreit, er horcht über die Talebenen hin, späht von Erhebungen hinab, durchkämmt Gestrüpp ... Ebenso macht es die Frau: sie zündet das Licht an und beginnt, alles zu durchstöbern. Wegen einer kleinen Geldmünze schaut man für gewöhnlich ein wenig auf dem Boden nach und läßt die Sache dann sein. Hier hingegen wird ein ganzer Ritus vollzogen, was zeigt, welches Interesse am Geldstück die Frau hat und wie bekümmert sie ist. Beim Vater handelt es sich nicht um ein Suchen in diesem Sinn, doch kommt die Sehnsucht des alten Vaters nach dem Sohn darin zum Ausdruck, daß er ganz aufgeregt ist, dem Sohn so schnell, wie er noch kann, entgegenrennt, ihm um den Hals fällt und ihn umarmt. Vertiefen wir uns in dieses Suchen und sagen wir uns dann im Glauben: „Da sehe ich, was ich für Gott bedeute, wie der Herr jetzt nach mir sucht, wie er sich um mich kümmert, nach mir ruft, sich auf den Weg macht, durch Täler, Gestrüpp, Schluchten und ödes Land, um mich zu holen. Hier sehe ich, wie der Herr das Haus durchwühlt und im Licht seiner Lampe alle Ritzen durchsucht, um zu sehen, ob auch nur etwas von mir da ist. Hier sehe ich, wie der Herr mir entgegeneilt und mich umarmt, noch bevor ich zu ihm etwas sagen, ihm ein Zeichen geben, nach ihm rufen kann.

5. Die Aufnahme

Auf dieses Suchen folgt der Empfang. Der Empfang geschieht in allen drei Fällen unter dem gleichen Zeichen, denn die drei Gleichnisse verlaufen im gleichen Sinn, auch der Sprechweise nach: „Freut euch mit mir!". Es ist eine Einladung zu gemeinsamem Sich-Freuen. Der Hirt ruft die Freunde und Nachbarn zusammen und sagt zu ihnen: „Freut euch mit mir, denn ich habe das Schaf, das verlorengegangen war, wieder gefunden!". Es liegt auch eine gewisse Übertreibung, etwas Humoristisches darin, vor allem im Bild von der Frau, welche die Nachbarinnen zusammenruft, um mit ihr zusammen zu feiern, und es ist anzunehmen, daß sie etwas offeriert und ein kleines Fest veranstaltet. All dies unterstreicht, wie intensiv das Suchen war und welchen Jubel das Finden auslöst. In einem gewissen Crescendo tritt dies vor allem im dritten Gleichnis hervor mit der vollen Rehabilitation, mit dem Festmahl: Man schlachtet das Mastkalb, das für große Anlässe vorgesehen ist, vielleicht für das nächste Osterfest; jetzt wartet man nicht; man schleppt das Beste herbei, was Küche und Keller bieten; man musiziert. Jesus will uns damit eindrücklich sagen: „Ihr wißt gar nicht, welche Freude Gott an euch hat." Daran erinnert uns der Ausspruch der Schwester Speranza: „Der Vater geht ihnen nach und sucht nach ihnen in unermüdlicher Liebe, wie wenn er ohne sie gar nicht glücklich sein könnte."

Wir sollten in unserer Betrachtung diesen Gott gleichsam verkosten, diesen Gott, der uns in diesem Moment liebend bei sich hält und unermüdlich nach dem Teil von uns sucht, der von seiner Wahrheit noch nicht erhellt ist, der seiner Versöhnungsbereitschaft noch irgendwie widersteht. Wie das dritte Gleichnis zeigt, besteht ja dieser Empfang nicht bloß in einer freudigen, fröhlichen Aufnahme, sondern in einer wirklichen Rehabilitation: Der wiedergefundene Sohn wird mit einem Festgewand bekleidet, man steckt ihm einen Ring an den Finger und er wird zum Mittelpunkt des Festes, zum König des Tages gemacht.

Wir können auch über den Kontrapunkt zu diesem Empfang nachdenken: über die Möglichkeit unfreundlicher Aufnahme. Zu Beginn der Gleichnisrede haben die Pharisäer und die Schriftgelehrten kein Verständnis für die „Selbstverschwendung" des Herrn, der sich die ganze Zeit mit so uninteressanten Leuten abgibt. Und am Schluß des Gleichnisses ist der ältere Sohn empört darüber, daß man die Ordnung dermaßen mißachtet. Warum kümmert sich Gott, warum kümmert sich dieser Vater nicht eher darum, daß der ganze Betrieb gut läuft, statt um jemand, der sein Vermögen verpraßt hat und imstande wäre, es schon morgen von neuem zu verprassen? Schließlich weiß man ja nicht so sicher, in welcher Absicht der Weggelaufene zurückgekehrt ist, und er ist im Grunde noch nicht auf die Probe gestellt worden. Es ist ein großes Risiko, ihn ohne weiteres ins Haus aufzunehmen. Warum läßt man ihn nicht zuerst sich bewähren, warum rehabilitiert man ihn sofort? Alle diese Fragen, die in uns aufsteigen, zeigen, wie wir denken und wie schwer es uns fällt, die Macht, das Erbarmen, die Liebe Gottes zu uns in ihrem ganzen Reichtum zu verstehen, seine Bereitschaft, uns Vertrauen zu schenken, uns zu rehabilitieren, uns kostbarste Dinge in die Hände zu geben, ohne uns vorher einer strengen Prüfung unterzogen zu haben.

6. Der Herr kümmert sich um mich

Schließlich können wir noch darüber nachdenken, wem diese Aufmerksamkeit, dieses Suchen gilt. Es sind Zöllner, Leute, für die man am besten keine Zeit verschwendet, denn man nimmt allgemein an, sie seien nun einmal so, wie sie sind, sie könnten sich nicht ändern, es sei von ihnen nicht viel zu erwarten, denn ihr Métier zwinge sie zu einer gewissen Handlungsweise; Sünder also, öffentliche Sünder, Leute, die gar nicht mehr anders können. Diese Einstellung wiederholt sich jedesmal, wenn wir andere kritisieren oder selbst kritisiert werden, wenn wir sagen oder wenn man uns sagt, man verliere bloß seine Zeit, wenn man sich um Leute, um Situationen annehme, bei denen doch nichts auszurichten sei. Warum denn soll man „Mohren weiß waschen" wollen? Jesus denkt anders. Auch nur für einen einzigen seine Zeit zu opfern, ist wichtig.

Danken wir im Gebet dem Herrn, daß er bereit ist, sich mit uns, mit einem jeden einzelnen von uns abzugeben, und daß er an uns schon viel Zeit verschwendet hat; daß der Herr uns Raum gegeben hat und Raum gibt. Und vergessen wir nicht, daß Gott sich aller annimmt, auch der Leute, an denen uns nichts liegt. Vielleicht sind es nicht Zöllner und Sünder, aber Menschen, denen wir keine Bedeutung beimessen, weil sie uns für die Kirche, für ihre Zukunft nicht von Belang erscheinen. Doch Jesus ist bereit, sich um jeden einzelnen von ihnen zu kümmern.

Am Tag des heiligen Ignatius, am 31. Juli, hatte ich ein einfaches Erlebnis. Ich nahm in der Jesuitenkirche an der Konzelebration teil, die bei diesem Anlaß gehalten wird, und durfte einer großen Menge von Gläubigen die Kommunion spenden. Begreiflicherweise wird man mit der Zeit müde, schon weil man immer den gleichen Satz zu wiederholen hat, während eine Person nach der anderen hinzutritt. Die einen Personen mögen sympathisch sein, andere weniger, wie das bei den Kirchenbesuchern der Fall ist. Da dachte ich mir: „Der Herr kümmert sich jetzt um allein diese Person, die ich vor mir habe. Er nimmt jeden Menschen für sich allein, wie wenn einzig diese Person existierte, und schenkt ihr seinen Leib." Da habe ich erlebt, wie beeindruckend, wie schön es sein kann, vielen, ja Hunderten die heilige Kommunion zu reichen und dabei daran zu denken, daß der Herr sich jedem einzelnen Gläubigen schenkt, ohne daß er befürchtet, bloß seine Zeit zu verlieren. Auch ich bin eine dieser Personen: Der Herr kümmert sich liebevoll um mich und ruft mich an.

7. Sich von Gott suchen lassen

Es bleibt noch ein letzter Gedanke zu behandeln, die Frage, wie die Lehre dieser drei Gleichnisse sich in den geistlichen Weg des Theophilus einfügt. Ich bin von Kapitel 15 ausgegangen, weil dieses zu den Hauptbestandteilen der Botschaft des Lukas an Theophilus gehört. Diese kommt in Lk 5,31–32 zum Ausdruck, wo Jesus denen, die ihn nach der Berufung des Levi tadeln, weil er mit Sündern ißt, zur Antwort gibt: „Nicht die Gesunden brauchen den Arzt, sondern die Kranken. Ich bin gekommen, um die Sünder zur Umkehr zu rufen, nicht die Gerechten." Die ganze Botschaft des Lukas setzt voraus, daß Jesus die Sünder zur Umkehr ruft, und wir können diese Botschaft so weit verstehen, als wir selbst uns von Jesus zur Buße berufen fühlen. Mit dieser Einladung zur Buße wird uns auch das Programm vorgelegt für das, was auf die Auferstehung Jesu folgt: „In seinem Namen wird man allen Völkern ... verkünden, sie sollen umkehren, damit ihre Sünden vergeben werden" (Lk 24,47). Und Paulus faßt am Ende seines Lebens, wie Lukas es uns geschildert hat, in seiner Rede vor Agrippa sein Wirken mit den gleichen Worten zusammen: „Ich habe zuerst denen in Damaskus und in Jerusalem, dann im ganzen Land Judäa und bei den Heiden verkündet, sie sollten umkehren, sich Gott zuwenden und der Umkehr entsprechend handeln" (Apg 26,20).

Für den Weg, den Theophilus zu gehen hat, ist also die Einsicht wichtig, wie entscheidend die Botschaft der Umkehr und Buße ist, denn sie gehört zur Heilsbotschaft. Diese Umkehr, diese Buße geht von der Initiative Gottes aus, der nach uns sucht, vom Willen Gottes, uns zu rehabilitieren. Es ist also nicht sosehr ein Bußweg von uns aus, vielmehr ein Uns-Suchen-Lassen von Gott.

Lassen wir uns also suchen, lassen wir uns befreien, lassen wir uns von Gott rehabilitieren!

Wir danken dir, Herr, daß du in deinem Evangelium dich als Erbarmen zu erkennen gibst. Du suchst nach uns, du suchst nach allen Menschen, auch nach denen, um die wir uns sorgen und die wir schmerzlich suchen. Du bist noch mehr als wir auf der Suche nach ihnen, sei es durch uns, sei es durch deine ganze Vorsehung, die uns unbekannt, doch am Wirken ist.

Wir danken, dir, Vater, daß du auf der Suche nach uns, nach einem jeden von uns bist. Du willst uns beständig neu machen, rehabilitieren, uns zu einem reinen Gewissen, zu einem echten Leben aus dem Evangelium verhelfen. Du willst uns dahin bringen, daß wir deinen Plan gelassen annehmen, in unseren Gemeinschaften wirklich brüderlich leben und alle unsere Regungen von Neid und Egoismus, alle unsere Engherzigkeit und Bitterkeit überwinden. Gib, Herr, daß wir uns von dir suchen lassen bis auf den Grund unseres Herzens, daß wir deinem Suchen keinen Widerstand entgegensetzen, daß wir deine Lampe in uns hineinleuchten lassen, mit der du die Ritzen unseres Fußbodens untersuchst, um etwas von uns zu finden, das noch zu erschließen ist.

Vater, gib, daß wir uns dem Suchen deines Sohnes erschließen, daß wir ihm keine halbherzige und enge Auffassung von uns selbst entgegensetzen, sondern uns in die Fülle unseres Seins hineinversetzen lassen, wie du sie in deinem göttlichen Heilsplan für jeden von uns vorherbestimmt hast in Christus Jesus, unserem Herrn, Amen.

Fünfte Meditation

Der Weg der Buße

Wir wollen über einige Stationen des Weges der Buße nachsinnen. Es sei von vornherein klar: Der Herr muß die entsprechenden Gesinnungen in uns wecken; wir dürfen nicht meinen, wir könnten sie in uns hineinkünsteln. Vertrauen wir uns also dem Erbarmen des Herrn an, der nach uns sucht und in uns den Bußgeist wecken will.

Drei Episoden bei Lukas sind dazu bestimmt, Theophilus auf den Weg der Buße zu bringen und ihm zu zeigen, wie es sich mit der Vergebung der Sünden verhält. Es sind die Szenen der Berufung der ersten Jünger (Lk 5, 1–11), der Heilung des Gelähmten (Lk 5, 17–26) und der Begegnung Jesu mit der Sünderin (Lk 7, 36–50).

Unmittelbar vor dem Bericht über die Begegnung Jesu mit der Sünderin heißt es in Lk 7, 35: „Und doch hat die Weisheit durch alle ihre Kinder recht bekommen". Nach dem ganzen Zusammenhang – Jesus wird zum Vorwurf gemacht, daß er ein Freund der Sünder ist – hat dieser Ausspruch folgenden Sinn: Kinder der Weisheit sind diejenigen, die die Weisheit des Evangeliums einsehen und Gott die Ehre geben, weil sie sich als Sünder erkennen, das Urteil, das Gott im Evangelium über sie spricht, annehmen und sich durch das Geschenk der Gnade gerechtfertigt fühlen. Zwar geschieht diese Rechtfertigung im Moment unserer Taufe. Wir lassen aber die Tauferfahrung wieder in uns aufleben, indem wir immer mehr zu Kindern Gottes werden, allmählich die Werke der Finsternis aufgeben und Tag für Tag uns von Gott angenommen wissen, der uns beständig rehabilitiert.

Es ist also wichtig, daß wir uns in diese Atmosphäre der Buße versetzen und in ihr leben, wenn auch der Ton dabei bald auf dieses, bald auf jenes gelegt wird. Wir müssen Kinder der Weisheit sein und uns unter die Sünder gesellen, deren Freund Jesus ist. Aber nicht so, daß wir uns in eine phantastische Sündhaftigkeit kleiden, sondern daß wir uns redlich als Sünder erkennen, als Menschen, die ständig in Gefahr schweben, vom rechten Weg abzukommen. Einzig das Licht des Evangeliums kann uns in die richtige Lage vor Gott versetzen, was diesen Bußweg betrifft.

Ich nehme also die drei Szenen vor und erkläre sie kurz. Dabei beschränke ich mich auf diejenigen Aspekte, die sich am meisten auf unser Meditationsthema beziehen.

1. Die Voraussetzung, Apostel zu werden

Wie sollen wir die erste Episode betiteln? Ich schlage den Titel vor: „Die Macht Jesu läßt Petrus einsehen, daß er Sünder ist, und schafft so die Voraussetzung für ihn, Apostel zu werden." Vergegenwärtigen wir uns kurz den Vorgang: Die Menge drängt sich um Jesus, läßt ihm kaum mehr Platz und stößt ihn fast ins Wasser, weil alle in seiner Nähe sein wollen. Jesus steht nahe am See, er schaut sich um nach einem Ausweg, wie er sich aus dem Gedränge retten kann, da erblickt er zwei Fischerboote, die nicht weit weg am Ufer vertäut sind; ihre Besitzer, die Fischer, waren ausgestiegen und wuschen am Strand ihre Netze. Jesus steigt in eines

dieser Boote und bittet den Simon, auf den See hinaus-
zufahren und die Netze zum Fang auszuwerfen. Simon
sagt zu ihm, er habe schon die ganze Nacht hindurch
gearbeitet, während der für den Fischfang günstigen
Zeit, und nichts gefangen, „doch wenn du es sagst,
werde ich die Netze auswerfen".

Versenken wir uns in dieses Wort des Simon; es ist
ein Akt des Vertrauens. Wenn Simon ein berechnender
Mensch gewesen wäre und gedacht hätte: „Ich will
zuerst alle ideologischen und philosophischen Gründe
haben, bevor ich mich diesem Mann anvertraue", dann
hätte er diesen Vertrauensakt nicht geleistet und sein
Leben verspielt, denn dieser Moment des Vertrauens,
dieses erste Sich-Hineinstürzen auch auf die Gefahr
hin, sich lächerlich zu machen, entscheidet über alles
andere. Im Grunde nämlich ist es etwas lächerlich, zu
den Gefährten zu sagen: „Fahren wir wieder aus!" und,
falls nichts herausschaut, als ein Tor dazustehen, der einem Scharlatan Glauben schenkt. Man würde sich am
Abend in den Kneipen diese Posse erzählen und über
diesen seltsamen Fischer lachen, der am heiteren Tag einen großen Fang machen wollte und mit leeren Netzen
zurückgekehrt ist. Für Simon ist also der Moment da,
wo er sich entscheiden muß: Soll er auf die Stimme seines Innern hören und ungeachtet der Gefahr, sich lächerlich zu machen, sich ins Abenteuer stürzen und
auch die anderen dazu verpflichten, oder soll er vor-
sichtig sein und sich weigern mit der Ausrede: „Wir
sind etwas müde; wir werden dann heute abend fischen
gehen" und so wieder zum normalen Verhalten zurückkehren, statt sein Leben zu ändern?

Betrachten wir vor dem Herrn dieses Vertrauen des
Petrus und beten wir darum, daß es auch uns geschenkt
werde vor allem dann, wenn wir einer neuen Situation

begegnen müssen, die Mißerfolg und Kritik mit sich bringen kann, wenn wir uns auf ein offenes Gelände begeben, eine andere Aufgabe übernehmen sollen, an der wir uns, falls die Sache schief geht, die Finger verbrennen.

Simon schenkt also dem Wort Jesu Vertrauen und wirft die Netze aus, die sich alsbald mit einer solchen Unmenge von Fischen füllen, daß sie zu zerreißen drohen. Und da hebt Begeisterung und Jubel an. Die Fischer müssen mit den Armen winken, schreien, denen, die am Ufer geblieben sind, Zeichen geben, damit sie mit dem anderen Boot zu Hilfe eilen; sie kommen und man füllt beide Boote, bis sie fast untergehen.

Simon Petrus hätte voller Begeisterung rufen können: „Ja ich, ich habe es erfaßt; ich bin der einzige, der kapiert hat, daß er der Messias ist. Ich bin der Situation gewachsen gewesen; mein Vertrauen hat mich gerettet, hat mich groß gemacht." Doch statt dessen wird dieser Mann, der den Weg des Vertrauens gewählt hat, von der Wahrheit Gottes gepackt und er stößt angesichts dessen, was geschieht, den Schrei der Verwunderung aus: „Herr, geh weg von mir, ich bin ein Sünder." Die Macht Jesu hat ihn seine Sündhaftigkeit einsehen lassen. Er sagt: „Ich bin ein Sünder" und denkt dabei nicht an diese oder jene konkrete Sünde, sondern an sein Sündigsein, das er eingesteht. Er gesteht es nicht deshalb ein, weil er eine eingehende Gewissenserforschung vorgenommen hätte, sondern weil er einen außerordentlichen Erweis des Erbarmens Gottes erlebt hat. Für die anderen Fischer ist dieser große Fang die Erfüllung ihrer Hoffnungen, ein Fang, von dem das ganze Land essen, der auf den Märkten verkauft werden kann, eine Geldquelle auf lange hinaus, um für alle ein großes Fest zu veranstalten. Doch Petrus verspürt angesichts dieser überschwenglichen Güte des Herrn seine Erbärmlichkeit, seine Sündhaftigkeit. Dem so gütigen, so außerordentlich großmütigen Verhalten Jesu gegenüber fühlt er sich als der, der er ist.

Wir können uns in unserer Meditation in die Nähe des Petrus versetzen und uns von ihm sagen lassen, was uns den Schrei echter Verwunderung und Bußgesinnung entreißen kann.

Man könnte über das nachsinnen, was Jesus für mich getan hat, also über das Erbarmen Gottes mir gegenüber (die „contemplatio ad amorem" dessen, was Gott für mich getan hat), und was er für mich und mit mir zu tun beabsichtigt. Um diesen zweiten Gedanken auszuweiten, sollten wir daran denken, daß das, was Gott mit mir vorhat, nicht nur mich betrifft, sondern dem Aufbau der Kirche dient.

Wir sind also unserer Sündhaftigkeit, unserer Erbärmlichkeit überführt. Denken wir an unsere persönliche Beziehung zu Jesus (Was hat er für mich getan und was habe ich für ihn nicht getan?) und auch an unsere Mitverantwortung für die Gemeinschaft (Jesus wollte durch mich gegenseitiges Verständnis, Liebe und Brüderlichkeit in die Gemeinschaft bringen, ich aber ließ es in meinem Verhalten gegenüber den anderen an Liebe, Hingabe und Verständnis fehlen und habe den Aufbau des Leibes des Herrn behindert). Nicht nur in bezug auf unsere persönliche Beziehung zu Jesus, sondern auch im Blick auf unsere Pflichten gegenüber der Gemeinschaft können wir wohl in aller Aufrichtigkeit den Schrei der Verwunderung ausstoßen: „Wie viel wollte Gott wirken und wie wenig habe ich, haben wir in unserer Gemeinschaft, in unserem Zusammenleben getan!"

Wir sollen uns also in unsere Erbärmlichkeit, Mangelhaftigkeit, persönliche und gemeinschaftliche Nachlässigkeit vertiefen und zwar in einem weitgespannten Rahmen und nicht nur im Blick auf die von der Moral bestimmten eigentlichen Sünden. Wir sollen an unsere Verantwortungen denken, an alle Formen des Versagens, woran wir vielleicht „hier und jetzt" durch einen bestimmten Akt die Schuld tragen, die aber unsere Sündhaftigkeit, unseren Hang, ständig zu fehlen, ausmachen.

Was ist die unmittelbare Folge dieses Schreis der Verwunderung, der in Vers 9 als „Erschauern" bezeichnet wird, des Schauders, der nicht nur Petrus, sondern auch alle seine Gefährten packt? Sie besteht darin, daß Petrus, der so hart, so eindrücklich erfährt, was er ist, nun von Christus in dieser seiner Erbärmlichkeit angenommen, rehabilitiert und zur Sendung berufen wird.

Petrus, der ausgerufen hat, daß er unwürdig ist, hört, wie Jesus zu ihm sagt: „Fürchte dich nicht!". Dieses „Fürchte dich nicht!" bedeutet nicht: „Aber nein, das stimmt gar nicht, du hast so viele gute Seiten!", sondern: „Hab keine Angst, denn ich bin mit dir und du wirst durch die Güte und das Erbarmen Gottes in die Funktion eingesetzt, in die ich dich jetzt symbolisch eingesetzt habe, indem ich dich eine Unmenge von Fischen fangen ließ. Meine Macht, vor der du dich vorhin gedemütigt hast, geht so weit, daß sie jetzt in noch größerem Erbarmen in einem noch viel weiteren Umkreis zu handeln und unglaubliche Dinge zu wirken vermag."

Merken wir uns: Im „von jetzt an" in Vers 10 bedeutet dieses „Jetzt" die in die Gegenwart vorauswirkende eschatologische Stunde, in der sich die Macht Gottes zeigt.

Diese Stunde traf auf einen Menschen, der auf sie

vorbereitet war. In dieser Stunde hat Petrus etwas von Gott und von sich selbst erfaßt; über ihn bricht die Macht Gottes herein und er wird zum Mann des Gottesreiches.

2. Jesus vergibt und heilt

In der gleichen Richtung wollen wir nun über die andere Episode in Kapitel fünf, die Heilung des Gelähmten nachdenken, um uns in weitere Aspekte des Themas zu vertiefen. Die Episode eignet sich gut zu einer Bußmeditation, weil hier Jesus ausdrücklich von Vergebung der Sünden spricht. Wir könnten die Szene also mit „Jesus vergibt und heilt" betiteln.

Wir konzentrieren uns auf wenige bezeichnende Momente des Geschehens und gehen dabei von Vers 16 aus, wo es heißt, daß Jesus trotz der großen Menge, die zu ihm kommt, um Heilung zu finden, sich an einen einsamen Ort zurückzieht, um zu beten. Jesus liebt nicht das Massenbad, er zieht sich gerne zurück. Was ihn zu den Menschen treibt, ist die Gelegenheit, ein Wort des Erbarmens zu sagen, ein Werk des Erbarmens zu tun.

In diesem Abschnitt sehen wir zudem, in welcher Abfolge Jesus seine erbarmende Tätigkeit ausübt und was ihm bei dieser Tätigkeit am meisten am Herzen liegt. Jesus geht in dieser Szene nicht unmittelbar auf Heilung aus, sondern zu unserer Überraschung zuerst auf Vergebung.

Beachten wir Vers 17: „Unter den Zuhörern Jesu saßen Pharisäer und Gesetzeslehrer. Sie waren aus allen Dörfern Galiläas und Judäas und aus Jerusalem gekommen." Jesus befindet sich also in einer schwierigen Lage, denn man paßt scharf auf ihn auf und er schwebt schon deshalb in Gefahr. Das, was er vorhat, wird ihn nicht nur einen Akt der Güte kosten, sondern von diesem Zeitpunkt an beginnt Jesus mit seiner Verurteilung zu rechnen und sie hinzunehmen. Die Aussage, die Jesus hier macht, und die Vergebung, die er schenkt, werden ihn viel kosten, denn sie werden ihn der Kritik aussetzen, die nicht ruhen wird, bis er verschwunden, beseitigt ist.

Beachten wir, was Jesus an denen, die den Gelähmten bringen und vor Jesus hinunterlassen, belobigt: den Glauben. „Als er ihren Glauben sah ...". Worin haben diese Helfer Glauben gezeigt? Darin, daß sie sich etwas ausdachten, daß sie die Behinderung durch die Menschen, die sich um den Eingang drängten, überwanden. Sie haben ihn auch dadurch gezeigt, daß sie es auf sich nahmen, sich lächerlich zu machen, setzten sie sich doch in einer solchen Situation dem Spott aus, falls der Gelähmte nicht geheilt würde.

Es sind also Menschen, die sich um die Meinungen, Bemerkungen, Spötteleien, Kritiken nicht kümmern und etwas unternehmen, was entweder glückt, und dann haben sie ihre Absicht erreicht, oder nicht glückt, und dann müssen sie beschämt abziehen mit dem Gelähmten, der dann vielleicht für das ganze Leben noch vergrämter und verbitterter ist.

So also steht es um den Glauben, um das Risiko, dem sich diese Männer mit ihrer geringen Kenntnis von Jesus aussetzen, weil sie alle Bedenken in den Wind schlagen. Jesus sieht diesen Glauben, und er entspricht diesem Glauben mit dem größten Geschenk: „Deine Sünden sind dir vergeben".

Dieses Geschenk gilt in der Katechese des Lukas als das höchste, weil es die Frucht des Todes und der Auferstehung Jesu ist, also der Zielpunkt der Heilsbotschaft. Für die damals anwesenden Menschen war die Sache wohl nicht so klar und wir können uns vorstellen, daß über sie wie über den Gelähmten zunächst eine gewisse Enttäuschung kam. Jesus will ihnen klarmachen, was für ein Geschenk die Heilung von Sünden ist. Auf die Reaktion der Umstehenden hin, die sein Wort der Vergebung zum Anlaß nehmen, ihn anzuklagen, stellt er einen Vergleich zwischen den zwei Heilungen an: „Was ist leichter, zu sagen: Deine Sünden sind dir vergeben! oder zu sagen: Steh auf und geh umher?" (Vers 23).

Jesus gibt zu verstehen – und das geht auch uns an –, daß die Vergebung der Sünden das größte Geschenk ist und daß die körperliche Heilung nur eine Folge davon und ein Erweis dafür ist. Bitten wir also den Herrn, er möge auch an uns die schwierigere Heilung vollbringen; er möge nicht sosehr unser Behindertsein, sondern das Herz heilen; er möge unser Inneres von Grund auf heilen: „Herr, vollbringe das schwierigere Werk! Gib mir nicht das, was ich vielleicht wünsche: Verstandesschärfe, Erfolgschancen, die Macht, andere zu beeindrucken, sondern heile von innen her mein Herz, weil ich dies am meisten wünsche; dies ist dann wirklich ein Geschenk von dir".

Erbitten wir dieses schwierigere Geschenk auch den anderen und seien wir uns in bezug auf uns und die anderen unserer Ohnmacht bewußt: Wer kann Sünden vergeben außer Gott? Wer kann einem Menschen die Last seiner Sündhaftigkeit, Kälte, Traurigkeit, Habsucht, Eifersucht, Feindschaft, Mißgunst abnehmen? Wir sind bloß die Übermittler der Versöhnung, und wenn nicht der Heilige Geist wirkt, mühen wir uns umsonst. Wir können uns mit einem Menschen bloß abgeben und lieb zu ihm sein, damit er zu unserem Freund wird und gewisse Verhaltensweisen aufgibt, gewisse kleine Krisen überwindet. Wer aber kann von innen her heilen außer der Heilige Geist? Wir können bloß Zeugen dieser Wunder, dieser Heilungen des Herzens werden.

3. Jesus rehabilitiert

Die dritte Episode (Lk 7, 36–50): Die Sünderin im Haus des Simon. Im Blick auf die Elemente, die ich hervorheben möchte, könnten wir darüber den Titel setzen: „Jesus stürzt eine Situation um und rehabilitiert einen Menschen".

Wir bemerken hier eine Analogie zu etwas, das wir schon gesehen haben: Diese Frau, die ins Haus tritt, riskiert mit dem, was sie tut, sich lächerlich zu machen, ja nimmt dies auf sich. Ihre Geste streift den schlechten Geschmack, grenzt an Zweideutigkeit, und wir hätten an Jesu Stelle ein Unbehagen empfunden, hätten befürchtet, von Simon schief angesehen zu werden, und hätten nicht gewußt, ob wir die Füße vor dieser Frau zurückziehen oder sie ihr entgegenstrecken sollten. Was tun? Es ist eine dieser peinlichen Situationen, in welchen man einen Menschen nicht brüskieren will, indem man ihn wegschickt, aber auch nicht denjenigen brüskieren will, der uns mit Unbehagen anblickt. Doch in dieser peinlichen Situation kehrt Jesus, der in Verlegenheit Gebrachte, die Rollen um: er bringt Simon in Verlegenheit und rehabilitiert die Frau. Diese Frau, deren Vorgehen an Zweideutigkeit grenzte, wird zur Tochter der Weisheit, die Gott, der ihr vergeben hat, Ehre zu geben weiß. Simon, der ein Muster der Unbescholtenheit und Korrektheit war, wird zu einem engherzigen, knauserigen Gastgeber.

Jesus hat die Rollen umgestürzt, indem er einfach jedem die Wahrheit sagte und den Sachverhalt hervorhob, den mit offenen Augen zu gewahren niemand den Mut hatte. Wenn diese Frau viel liebt, dann deswegen, weil ihr viel vergeben worden ist. Sie ist also in das Wissen um die Pläne Gottes eingetreten, sie hat sich der wahren Gotteserkenntnis geöffnet, die gerecht macht. Simon hingegen ist noch in die Selbstrechtfertigung verstrickt. Er macht Jesus gegenüber eine freundliche Geste, ist aber gleichzeitig darauf bedacht, sich nicht allzusehr zu verausgaben, um sich nicht den Vorwurf zuzuziehen, er habe einen umstrittenen Lehrer allzu begeistert empfangen.

4. Leben in neuer Beziehung

Bitten wir den Herrn, uns angesichts dieses seines machtvollen Handelns erkennen zu lassen, wie viel von Simon in uns selbst steckt und wie wenig von der Großzügigkeit dieser Frau, der Vergebung zuteilgeworden ist. Und fragen wir uns zum Schluß, in welchem Bezug diese Episoden zur geistlichen Welt des Theophilus stehen. Wir können dies ausfindig machen, indem wir uns an Lk 7,35 und, was Johannes den Täufer betrifft, auch an Lk 7,29 halten: „Und doch hat die Weisheit durch alle ihre Kinder recht bekommen" und „Das ganze Volk, das Johannes hörte, selbst die Zöllner, sie alle haben den Willen Gottes anerkannt", also alle die, die sich als klein und sündig vorkamen.

Theophilus lernt also verstehen, um was es sich bei dieser Metanoia, dieser Sinnesänderung im Sinne des Lukas handelt, die der Zielpunkt seiner Heilsbotschaft ist. Sie besteht nicht einfach in einer gütigen Regelung von Schulden, indem Gott einen Schuldschein tilgt, sondern in einer neuen Beziehung zu Gott, zu sich selbst, zu den anderen, in einer Verherrlichung des Erbarmens Gottes. Wir stehen nun Gott gegenüber als die, die wir sind, und daraus ergibt sich diese neue Beziehung zu den anderen in Freiheit, in Echtheit. Wir werden fähig, Menschen zu gewinnen wie Petrus, mutig die Parusie zu verkünden wie die bekehrte Sünderin, uns behende auf den Weg zu machen wie der vorher Gelähmte.

Der von Christus geschenkte Geist rehabilitiert uns, versetzt uns in die richtige Beziehung zu Gott, zu uns selbst, zu den anderen, zur Gemeinschaft, zur Kirche, zur Gruppe. Es handelt sich um ein reines Gnadengeschenk Gottes, das wir bloß seiner Barmherzigkeit und Güte verdanken. Womit können wir unsererseits Gott ermöglichen, uns auf diese Gabe vorzubereiten? Mit dem Glauben, mit einem Glauben, der fähig ist, etwas zu riskieren, ja uns ihm samt unserer Sündenlast anzubieten.

Sechste Meditation

Auf dem Weg der Buße

In seinen „Geistlichen Übungen" hält uns Ignatius zu drei Zwiegesprächen an:

„Das erste Zwiegespräch mit Unserer Herrin, auf daß sie mir von ihrem Sohn und Herrn Gnade zu drei Dingen erlange: Erstens, daß ich ein inneres Bewußtwerden meiner Sünden und einen Abscheu vor ihnen verspüre; zweitens, daß ich die Unordnung meines Tuns spüre und dieselbe verabscheue, damit ich mich bessere und in Ordnung bringe; drittens, bitten um Erkenntnis der Welt, damit ich mit Abscheu die weltlichen und eitlen Dinge von mir entferne.

Das zweite: auf gleiche Weise mit dem Sohn, damit er mir dasselbe vom Vater erwirke.

Das dritte: auf gleiche Weise mit dem Vater, damit der Ewige Herr selbst mir dies gewähre" (Nr. 63).

Ignatius erinnert uns daran, wie Jesus in seinem Gebet am Ölberg immer wieder die gleiche Bitte wiederholte. Damit scheint er uns einzuladen, noch etwas bei unseren Betrachtungen über die innere Läuterung zu verweilen.

Noch etwas drängt mich, uns in das Thema des Bußwegs zu vertiefen, nämlich das Jesusgebet, das im Mönchtum des Ostens weit verbreitet ist: „Jesus, Sohn Gottes, erbarme dich meiner". Dieses Gebet wird von den Mönchen des Ostens Tag und Nacht zehntausendemal wiederholt. Ich habe auf dem Berg Athos einen Ere-

miten kennengelernt, den geistlichen Vater einer großen Gemeinschaft, der auf dem Athosberg lebt und Tag
und Nacht dieses Gebet wiederholt. Da habe ich mich
gefragt: „Wie könnte dieser Mann dieses Gebet ständig
wiederholen, wenn es nicht im Herzen einen bestimmten Widerhall fände? Wenn also ein Mann, der trotz
seiner inneren Lauterkeit und Klarheit sich immer
noch nicht ganz befreit fühlt, aus diesem Gebet lebt, so
will das heißen, daß er in ihm einen ganz bestimmten
Sinn sieht. Suchen wir also nach diesem Sinn und fragen wir uns, was dieses „Jesus, Sohn Gottes, erbarme
dich meiner!" bedeuten soll.

Ich möchte einen Weg aufzeigen, besser gesagt vier
verschiedene Wege, die man beschreiten kann, um im
Anschluß an das Wort des Petrus: „Herr, geh weg von
mir; ich bin ein Sünder!" (Lk 5, 8) ganz persönlich über
den Bußweg nachzudenken.

Den ersten Weg möchte ich „die Erfahrung der
Furcht, zu verlieren" nennen (die Erfahrung der Angst,
die wir empfinden können, wenn wir in uns hineinblik-
ken); den zweiten „die Analyse der Regungen unseres
Herzens, aller seiner Strebungen". Der dritte Weg, der
vielleicht für manche schwierig ist, ja in uns einen Widerwillen erzeugen kann, ist das Nachsinnen über die
„kollektiven Sünden", für die wir mitverantwortlich
sind. Der vierte Weg könnte in der Erwägung des Ge-
meinschaftsideals bestehen, das wir anzustreben haben.
Und zum Schluß möchte ich kurz einen Abschnitt des
Textes „Das religiöse Leben der Jesuiten" erläutern und
dabei den einen oder anderen Hinweis auf die Beicht,
auf das Sakrament der Versöhnung, geben.

1. Die Erfahrung der Furcht, zu verlieren

Diese Erfahrung lese ich aus der Stelle Hebr 2, 14 – 15 heraus. Es ist ein Text, der mir schon seit langem viel sagt, und gerade deswegen will es mir jetzt nicht so recht gelingen, sämtliche Elemente, die mich in ihm angesprochen haben, wieder zusammenzubringen. Nehmen wir den Anfang des Hebräerbriefs, wo der Verfasser sein Hauptthema ankündigt: Jesus ist für uns, seine Brüder, gestorben; er ist ganz einer von uns geworden, um uns zu befreien.

Lesen wir jetzt Hebr 2, 14–15: „Da nun die Kinder Menschen von Fleisch und Blut sind, hat auch er in gleicher Weise Fleisch und Blut angenommen, um durch seinen Tod den zu entmachten, der die Gewalt über den Tod hat, nämlich den Teufel, und um die zu befreien, die durch die Furcht vor dem Tod ihr Leben lang der Knechtschaft verfallen waren." Diese Stelle erscheint mir als einer der Grundtexte, die menschliche Sündhaftigkeit zu beleuchten, nämlich das Versagen des Menschen in den Entscheiden, die einen Akt des Mutes und der Herzensdemut erfordern, weil man nicht einfach in sicheren Gewässern dahinsegeln kann.

Um zu zeigen, auf was es mir in diesem Text ankommt, gehe ich von den letzten Worten aus: „ihr Leben lang". Es handelt sich also um etwas, das in jedem Daseinsmoment vorhanden ist und den Menschen nie verläßt. Was durchdringt den Menschen sein ganzes Leben lang? Daß man „der Knechtschaft verfallen" ist. Es ist hier nicht eigentlich von „Sklaven" die Rede, sondern davon, daß man, obwohl Sohn, der Knechtschaft verfallen ist, einer Knechtschaft, die stets auf einem lastet: der Knechtschaft, die auf die „Furcht vor dem Tod" zurückgeht. Wir könnten also den Text in die für uns verständlichere Form fassen: Der Wurzelgrund der Sünde und damit unserer Sündhaftigkeit ist die Furcht, zu verlieren, d. h. der Mangel an Mut und deshalb die Unfähigkeit, Taten zu vollbringen, in denen man etwas aufs Spiel setzen muß, ohne daß man klar weiß, was daraus herausschaut. Erinnern wir uns an die Worte Jesu: „Wenn ihr nur die liebt, die euch lieben, seid ihr nicht besser als die Heiden. Wenn ihr nur die grüßt, die euch grüßen ... usw.". Mit anderen Worten: So lange ihr euch auf dem Feld des Tauschhandels bewegt, seid ihr sicher, beim Geben und Empfangen nicht zu kurz zu kommen; ihr getraut euch aber nie hinaus ins Ungesicherte, weil ihr Angst habt, zu verlieren.

Urbild dieser Angst ist die Furcht vor dem Tod. Dieser ist der absolute Verlust, der Inbegriff aller Verluste, aller Niederlagen, aller Mißerfolge, aller Fehlschläge, vor denen wir fliehen und aus Furcht vor denen wir uns in eine Burg von Sicherheiten und Egoismus einschließen. So ist Petrus ganz und gar nicht begeistert, als er auf das Wort Jesu hin mit dem Boot hinausfahren und sich exponieren soll, denn er könnte dabei verlieren und nichts gewinnen. Wenn es uns gelingt, diese Gedanken auf unsere Situation anzuwenden, stoßen wir hier auf eine in uns verwurzelte Haltung, die letztlich im Zurückschrecken vor der Hingabe unseres Lebens besteht. Selbstverständlich können wir in einem Moment der Begeisterung meinen, wir seien imstande, das Leben hinzugeben, doch wenn es dann darauf ankommt, würgt und erstickt uns die Angst, und dann sehen wir ein, daß wir es nicht über uns bringen.

Um uns in dies hineinzudenken, könnten wir uns an die Erfahrung erinnern, die Abraham machte, Abraham, der große Vater im Glauben, der Mann, der auf Gott vertraut hat. Wenn wir nun lesen, was die Bibel über diesen Vater im Glauben berichtet, sehen wir, durch welche Schwierigkeiten, welche Schwankungen dieser arme Glaube Abrahams sich vorwärts kämpfen mußte. In diesem Beispiel haben wir uns selbst: Wir sind nicht imstande, ruhigen Auges den wirklichen Wert unseres Lebens abzuschätzen, wenn nicht eine unmittelbare Gegenleistung vorhanden ist, und wir beginnen unruhig zu werden, wenn man keine solche sieht. Lesen wir wiederum Kapitel 12 der Genesis, wo Abraham den Auftrag erhält: „Zieh weg aus deinem Land, von deiner Verwandtschaft und aus deinem Vaterhaus." In Begeisterung über diesen Auftrag macht sich Abraham auf den Weg. Doch in diesem Zeitpunkt hat er noch keine Glaubenserfahrung gemacht; er folgt einfach seiner Begeisterung, und wenige Zeilen später werden wir sehen, daß Abraham aus Furcht vor dem Tod nicht zögert, die Ehre seiner Frau preiszugeben: „Wenn dich die Ägypter sehen, werden sie sagen: Das ist seine Frau!, und sie werden mich erschlagen, dich aber am Leben lassen. Sag doch, du seiest meine Schwester, damit es mir deinetwegen gut geht und ich um deinetwillen am Leben bleibe." Abraham bemüht sich also mit hinterlistigen Mitteln, sein Leben zu retten, und vergißt dabei die Macht des Herrn, die ihn so Großes unternehmen ließ. Man denkt zuweilen daran, wenn man mit Missionaren in Kontakt kommt, die alles aufgegeben, alles geopfert und das Vaterland verlassen haben, und wenn sie sich dann in den Missionen mit konkreten Schwierigkeiten herumschlagen müssen, beginnen sie zu jammern. Dann fragt man sich: „Wie kann denn jemand, der sein ganzes Leben zum Opfer gebracht hat, sich auf Nichtigkeiten versteifen?" So also verhält es sich mit uns.

Abraham, der Mann des Glaubens, gibt also die Ehre

seiner Frau preis, weil er heil davonkommen will, und sträubt sich gegen das von Gott Verheißene. Wie beschämend ist doch der Dialog in Gen 15,2–3: „Abraham anwortete: Herr, mein Herr, was willst du mir schon geben? Ich gehe doch kinderlos dahin, und Erbe meines Hauses ist Eliëser aus Damaskus. Und Abraham sagte: Du hast mir ja keine Nachkommen gegeben; also wird mich mein Haussklave beerben." Demnach ist sein Verlangen, zu überleben, ständig da, es ist an die Dinge gebunden, die er sieht, die er um sich herum erlebt. Auch im folgenden Kapitel zeigt er sich skeptisch und lächelt bloß, als der Herr ihm doch noch einen Sohn verheißt (Gen 17,16–19). Er sucht also nach Notausgängen (Gen 16 und 17,2), doch Gott schlägt ihm alle Absicherungen aus den Händen. Und zur Bereitschaft Abrahams, seinen eigenen Sohn zu opfern, was wirklich den Höhepunkt darstellt, ist es nicht ohne weiteres gekommen.

Nun ist Gott des Glaubens Abrahams sicher. Abraham gibt den Widerstand auf, und Gott fährt fort, ihn bei jeder Gelegenheit zu prüfen, von ihm Vertrauen zu verlangen, und ist unermüdlich auf der Suche nach ihm. Abraham gibt nach und nach sein Mißtrauen auf, findet sich mit allen Ungewißheiten ab und lernt, ungestützt zu gehen. Doch wie ermüdend ist dieser Weg!

Aus diesem mühevollen Weg Abrahams kann wohl jeder etwas von sich herauslesen.

Niemand von uns weiß genau, wie er sich angesichts des Todes verhalten wird. Sind wir z. B. in einer schweren Krankheit imstande, sie in Vertrauen anzunehmen, oder lehnen wir uns gegen sie auf? Wir wissen es nicht, und bloß das Vertrauen auf Gott wird uns Sicherheit geben können. Wir haben in uns nicht die Gewißheit, schwierigen Situationen – Verfolgungen, Ränken – gewachsen zu sein.

Und diese nicht abstrakten Gedanken, sondern Erfahrungstatsachen lassen uns einsehen, daß einzig Jesus Christus uns aus dem Mißtrauen, aus der natürlichen Vorsicht heraushelfen kann, um uns zum Glauben, zur Hoffnung zu bringen. So lange wir nicht zum Vollmaß des Glaubens gelangt sind, sind wir keine wirklichen Hörer des Wortes Gottes, des Evangeliums, sondern Menschen, die zum Teil darauf hören und zum Teil uns absichern wollen, damit auf jeden Fall alles nicht ganz schief geht, weil immer noch ein Notausgang, eine Rettungsmöglichkeit vorhanden ist. Dieser Weg im Glauben dauert das ganze Leben an, und in dem Moment, wo wir einen hohen Grad des Glaubens erreicht zu haben wähnen, tritt auf einmal eine unvorhergesehene Schwierigkeit, etwas Betrübliches und Ärgerliches ein, wirft uns wieder fast auf den Nullpunkt zurück und läßt uns sehen, wie wenig Glauben und Hoffnung wir haben. Alles, was wir anderen sagten, um sie zu trösten und zu stärken, spricht dann uns selbst nicht mehr an; unsere Worte kommen uns hohl vor.

Und doch ist dies der Weg, auf dem der Herr uns dahin bringt, daß wir einsehen und sagen: „Ich bin ein Sünder; einzig du, deine Gnade halten mich aufrecht. Ich berge mich unter deinen Flügeln, ich bin von deiner Hand getragen, mit dir kann ich Mauern überspringen, mit dir bange ich nicht auch vor zehntausend Feinden." Diese Psalmworte drücken die Gewißheit aus, die Gott uns ins Herz legt. Es sind keine leeren Worte, die man in einem Moment der Ruhe sagen kann, sondern man muß sie sagen in einer widrigen, unerfreulichen, unvorhergesehenen, dramatischen Situation, in der wir uns jeden Augenblick an jeder Straßenecke befinden können, wie z. B. bei einem Autounfall, der unser ganzes Leben umwerfen und uns vor Entscheide, Erfahrungen oder Situationen stellen kann, auf die wir gar nicht gefaßt waren.

2. Die Analyse der Strebungen unseres Herzens

Ein weiterer Weg, den ich vorschlagen möchte, besteht in dem, was ich „die Analyse der Herzensregungen" genannt habe. Mich sprechen die Verse 21–23 im siebten Kapitel des Markusevangeliums, die sich auch im fünften Kapitel bei Matthäus finden, stark an. Es handelt sich um ein Sündenverzeichnis, wahrscheinlich um einen katechetischen Katalog, der in der Urkirche zur Erziehung zu einem christlichen Leben diente. Matthäus zählt sieben und Markus zehn Sünden auf. Bei ihm lautet der Text: „Von innen, aus dem Herzen der Menschen, kommen die bösen Gedanken, Unzucht, Diebstahl, Ehebruch, Habgier, Bosheit, Hinterlist, Ausschweifung, Neid, Verleumdung, Hochmut und Unvernunft." Merken wir uns, wie alles auf böse Absichten zurückgeführt wird; alles kommt aus dem Innern: „All dieses Böse kommt von innen und macht den Menschen unrein."

Wenn wir diesen Text lesen, besteht die erste Reaktion in der Annahme, daß diese Dinge aus den schlechten Menschen hervorgehen. Meines Erachtens läßt sich jedoch der Text in einem weiteren Sinn auffassen: Im Herzen des Menschen, also auch in meinem Herzen, liegt die Wurzel dieser Dinge, und wenn ich mich heute nicht für einen Lüstling, Ehebrecher, Geizhals halten muß, dann deshalb, weil die Macht Gottes mich davor behütet hat. Wir werden uns dessen jeweils bewußt, wenn wir mit gewissen Kreisen in Kontakt kommen.

Falls auch ich mich in diesen Kreisen befunden hätte, so wäre ich vielleicht ebenfalls ein Ehebrecher, Mörder, Dieb, Geizhals, Verbrecher geworden. Der Ansatz dazu liegt in allen Menschen vor, und nur, wenn wir diese Wurzel erfassen, verstehen wir den wahren Sinn des Anrufs: „Jesus, Sohn Gottes, erbarme dich meiner!": „erbarme dich meiner und mache, daß ich jeder unvorhergesehenen Situation gewachsen bin; zeig dich, wenn mich eine Macht ergreift, die mich zu etwas bringen will, was ich eigentlich nicht möchte". Wir sehen dann auch ein, was es heißt, mit den Sünden der Welt irgendwie solidarisch zu werden, an der Sünde der Welt, mit der wir geheimnisvoll verflochten sind, zu leiden und bei Gott demütig Abbitte zu leisten.

Wir können auch diesen Text nehmen und einen Fehler nach dem anderen durchgehen; vielleicht sehen wir dann, daß einer, von dem wir es nie gedacht hätten, auf uns zutrifft. Gehen wir diese Aufzählung gründlich durch und fragen wir uns, wie weit jeder dieser Fehler auf uns zutrifft.

Als letzter Fehler wird die „Unvernunft" genannt. Es ist nicht leicht, zu sagen, was damit gemeint ist. Aber denken wir an den törichten Reichen in Lk 12, 19–20, der die überreiche Ernte in seinen Scheunen birgt und zu sich sagt: „Nun hast du einen großen Vorrat, der für viele Jahre reicht. Ruh dich aus, iß und trink, und freu dich des Lebens!". Doch Gott sprach zu ihm: „Du Narr! Noch in dieser Nacht wird man dein Leben von dir zurückfordern. Wem wird dann all das gehören, was du angehäuft hast?"

Dies ist die Verkümmerung und Torheit dessen, der allein auf sich selbst zählt und plötzlich von neuen Situationen überrumpelt wird. Wenn wir uns nur auf uns selbst verlassen, auf das, was wir haben, auf unser Leben, und in gewissen Situationen obenauf schwimmen, und es trifft uns dann ein unvorhergesehener Wechsel, eine Änderung unseres Lebensrahmens, werden wir uns bewußt, wie wir nur zum Teil oder überhaupt nicht bereit sind zu dem, was Gott mit uns vorhat. Es gehört nun einmal zu unserer Schwäche, uns stets eigene, nicht auf den Glauben gestützte Sicherheitsrahmen zu schaffen.

Darauf bezieht sich auch die in der Reihe an zweitletzter Stelle genannte Haltung, der Stolz. Wir können dabei vom Lobgesang Marias ausgehen: „Er vollbringt mit seinem Arm machtvolle Taten; er zerstreut, die im Herzen voll Hochmut sind" (Lk 1, 51).

Wir können über jedes dieser Worte nachsinnen, uns ihnen stellen, den Fehler bei uns zurückverfolgen. Denken wir an die Verleumdung: Wie viele Verleumdungen sind im Umlauf, wie viele voreilige, böse Urteile auch über Dinge des Glaubens, Unwahrheiten, die dann durch die Gemeinschaft, durch die verschiedenen Kreise laufen und immer übertriebener, immer schlimmer werden!

Denken wir an das „böse Auge", was den Neid bezeichnet, wovon wir im Gleichnis von den Arbeitern im Weinberg ein Beispiel haben. Als der Gutsherr am Abend allen den gleichen Lohn ausbezahlt hat, sagte er zu dem, der sich darüber beklagt: „Bist du neidisch, weil ich gütig bin?" (Mt 20, 15), d. h.: Du blickst mich voller Neid böse an, weil andere ebensoviel erhalten haben wie du." Dieser Neid kommt sehr leicht auf und erfaßt uns, ohne daß wir es gewahren. Er stellt sich auch im Geistesleben, unter denen, die sich dem Studium widmen, sehr leicht ein. Man greift einander abwechslungsweise an, und zuweilen scheint es bei diesen Angriffen Vergnügen zu machen, den anderen anzuschwärzen, zu verhindern, daß er hochkommt. All dies sind Dinge, von denen im Beichtstuhl nichts verlautet, die aber oft zur Lebenssubstanz gehören. Darum lädt der Herr uns ein, unsere Schwächen zu erkennen.

3. Unsere kollektiven Sünden erkennen

Ein dritter Weg, den ich bloß andeute, ist das Nachsinnen über kollektive Verfehlungen. Dazu gehören ganz bestimmte Fälle, die wir in dieser Richtung erwähnen könnten, beispielsweise die vom Konzil eingestandene Schuld von uns Katholiken gegenüber den getrennten Brüdern (Unitatis redintegratio, Nr. 19). Das Konzilsdokument „Nostra aetate" gibt zu, daß die Kirche, die Christen zu wenig Verständnis und Liebe aufgebracht haben für die Juden, daß sie nicht gegen Vorurteile und Handlungsweisen gefeit waren, welche die Juden irgendwie benachteiligten. Auch gegenüber dem Atheismus hat sich die Kirche gefragt, ob daran nicht auch die Christen mitschuldig sein könnten (Gaudium et spes, Nr. 19). Wenn wir über diese Dinge nachdenken, gewahren wir in uns selbst Haltungen, Lücken, Versäumnisse, die dazu beitragen, ungerechte Situationen fortbestehen zu lassen. Es gehen uns dann die Augen dafür auf, daß wir an kollektiven Sünden mitschuldig sind. Dem können wir fortan ein Ende machen.

Halten wir uns einen Augenblick lang auch bei unserer Gemeinschaft auf, bei all den Personen, die mit uns verbunden und für die wir in gewissem Sinn verantwortlich sind. Was für ein Gemeinschaftsideal legt uns die Heilige Schrift, die Kirche vor? Womit fördern wir es oder womit verkürzen wir es, begraben wir es durch unser Verhalten? Wie Ignatius das tat, sollten wir uns nach jeder Begegnung mit einem Menschen fragen, wie wir ihn aufgenommen, ihn behandelt, ihm zugehört, wie wir uns um seine Anliegen bekümmert, wie wir in uns der Versuchung widerstanden haben, nicht auf ihn zu hören ... Dann würden wir inne, wie sehr wir der Gnade widerstehen, die aus uns eine brüderliche Gemeinschaft aufbauen möchte, und wir würden uns dann auch besser bewußt, daß Gott diese Brüderlichkeit, diese Gemeinschaft aufbaut.

In der Tat kann bloß die Übermacht der Gnade Gottes uns im Glauben voll gemeinschaftsfähig und teilnahmebereit machen, doch sie tut das nur dann, wenn wir unser Versagen, unsere Versäumnisse einsehen. Das Scheitern so vieler gemeinschaftlicher Initiativen, trotz genauer Beachtung der Gesetze der Psychologie, der Gruppenanalyse, verschiedener Formen zwischenmenschlicher Beziehungen beweist vielleicht, daß bloß der Glaube uns zu einer Einheit zusammenbringen kann. Gewiß sollen wir alle psychologischen Mittel anwenden, aber im Wissen darum, daß einzig die Gnade Gottes uns den „Sprung" vollziehen lassen kann, der uns zur „Kirche" macht. Doch dazu gelangt man nicht ohne eine Analyse unserer Sündhaftigkeit, d. h. unserer Unzulänglichkeit und Unfähigkeit, eine wirkliche Gemeinschaft zu bilden. Mit unseren eigenen Kräften können wir bloß solche Gemeinschaften aufbauen, die auf dem Tauschprinzip, auf dem „do ut des" beruhen, wie das bei den Heiden der Fall ist. Doch wir sind von uns selbst aus nicht imstande, Gemeinschaften zu bilden, an die man etwas daran geben muß, wie das eine christliche Gemeinschaft verlangt.

4. Zusammenhang von Beichte und aufrichtiger Gemeinschaft

Zum Schluß möchte ich ein ordensinternes Dokument der Gesellschaft Jesu anführen, das die Praxis des Bußweges betrifft. Darin heißt es: „Wir bedürfen der Gnade einer beständigen Umkehr zur Liebe des Vaters aller Erbarmung, um in Herzensfreiheit und -demut im Dienste Gottes fortzuschreiten. Nehmen wir also zum Sakrament der Versöhnung Zuflucht. Beteiligen wir uns auch an den gemeinsamen Bußfeiern und setzen wir unsere Kräfte ein, um zwischen uns den Geist der Versöhnung herrschen zu lassen." Dies scheint mir der treffendste Schluß aus dem Gesagten zu sein. Deshalb will ich ein Wort über das Sakrament der Versöhnung anfügen.

Bekanntlich befindet sich die sogenannte „Privatbeichte" in einer Krise. Überall auf der Welt, vor allem aber in den Ländern des Westens, beichtet man viel weniger häufig als vor zwanzig oder zehn Jahren. Vielleicht haben auch wir persönlich diese Beichtkrise erlebt. Seien wir uns bewußt: Wenn heute, während man früher regelmäßig beichtete, viele von uns die persönliche Beicht vernachlässigen, so geschieht dies aus einem nicht ganz ungültigen Beweggrund. Die Beichte ist einem irgendwie fremd geworden wegen der Art und Weise, wie man sie praktizierte: daß man zwei bis drei Fehler lispelte (immer die gleichen) und sich dabei bewußt war, daß diese Dinge nicht unser Leben ausmachten (und dies war ein sehr negatives Element). Es gibt Menschen, und vielleicht gehören wir selbst auch dazu, die von anderen stark kritisiert werden, weil sie nicht imstande sind, ihre Grenzen und ihre selbstsüchtigen Haltungen einzusehen, doch sie beichten, im Gebet unandächtig gewesen zu sein oder schlechte Gedanken gehabt zu haben. Es gelingt ihnen also nicht, ihre groben Fehler, Versuchungen, Bosheiten unter dem Zeichen des Kreuzes in die Beicht einzubringen. Die wirklichen Sachverhalte kamen bei der Beicht zu wenig zum Ausdruck. Darum verlangte man nach Echtheit, was dazu veranlaßte, dieses Beichten aufzugeben – ohne daß man es durch etwas ersetzte.

Dies ist eine große Gefahr. Einzusehen, daß sich ein Mittel etwas anders verwenden läßt, und dieses Mittel aufzugeben und verschwinden zu lassen, ist nicht das gleiche. Zwar erwacht, vor allem in der Jugend, der Sinn für die gemeinsame Bußfeier, und dies erscheint mir sehr wichtig, weil darin eine gesunde Äußerung des Sachverhaltes liegen kann, daß die Kirche nicht ohne Buße leben, nicht ohne einen Bußritus sein kann.

Ich möchte eine Anregung machen, die für mich und für andere sich als nützlich erwies, nämlich die, die persönliche Beicht in ein Beichtgespräch umzugestalten. Was verstehe ich unter „Beichtgespräch"? Eine Beicht, die in ein längeres, ausführlicheres Gespräch mit einer Person, welche die Kirche vertritt, umgestaltet worden ist, die zu einem Zwiegespräch mit einem Priester wird, der im Namen der Gemeinschaft mir Versöhnung zuspricht und zwar in einer Haltung, einer Atmosphäre des Gebets. Dazu gehören eine Schriftlesung, die der neuen Bußordnung entnommen sein kann, ein gemeinsames Gebet anhand dieses Textes und dann eine Darlegung dessen, was ich sagen muß, jedoch in einem etwas weiteren Sinn, nicht einfach als Bekenntnis der Dinge, die sich der Moraltheologie zufolge als spezifische Tatsünden bezeichnen lassen. Man geht also von der „confessio laudis" aus, um sodann zur „confessio vitae" zu gelangen. Als confessio laudis läßt man die Beicht (wie

Ignatius es uns in der allgemeinen Gewissenserforschung lehrt) beginnen mit einem Dank an Gott, einem
Lobpreis für alles, was mich in den Tagen seit der letzten Beicht sein Erbarmen mit Händen greifen ließ. Man
lobt Gott und dankt ihm für das, worin er einem sichtbar entgegengekommen ist. Und dann kann man von
der confessio laudis zur confessio vitae übergehen, indem ich mich auch wieder in Gebetsform nicht nur der
formellen Sünden anklage, sondern meiner allgemeinen
Fehlhaltungen. Ich frage mich: „Was gefällt mir an meinem Leben der letzten Tage oder der letzten Wochen
vor Gott nicht; was liegt mir auf, wovon möchte ich,
daß es nicht da sei? Welches sind also die Dinge, von
denen ich durch die Gnade Gottes befreit, erleichtert,
geläutert werden möchte?" Hier kommen also nicht nur
die formellen Sünden zum Vorschein, sondern auch die
Grundhaltungen, das „böse Auge", der Neid, die Unfähigkeit, eine drückende Situation zu ertragen, die sich
jeden Tag wiederholt, und die anzunehmen ich nicht
die Kraft aufbringe und so weiter.

Aus dieser confessio vitae geht die intercessio hervor,
d. h. der Beichtvater unterstützt mich und betet für
mich im Namen der Kirche, damit das Blut Christi mir
zugute komme und mich läutere durch die remissio
peccatorum, die nicht nur Vergebung von unmittelbarer Wirkung ist, sondern auch eine Anrufung Gottes:
Der Herr möge mich mit seinem Heiligen Geist erfüllen
und dieser Geist möge mich bereit machen, mich Situationen zu stellen, die ich nicht anzunehmen vermag,
mit Menschen Kontakt aufzunehmen, die für mich
schwierig sind und die ich deshalb meide, an Probleme
zu denken, denen ich bis jetzt aus Trägheit ausgewi-
chen bin, frei und offen mit der Person zu reden, zu der
ich mich bis jetzt unaufrichtig oder bloß formell höf-

lich verhalten habe. Ich lasse mir, wie die neue Liturgie es vorsieht, die Hände auflegen, damit durch diese länger dauernde biblische Geste der Herr mir die Gnade des Vertrauens schenke und meine Angst besiege. Natürlich dauert ein solches Beichtgespräch länger als zwei bis drei Minuten, ja vielleicht eine ganze Stunde, doch ist die Zeit gut verwendet, wenn sie wirklich einer wichtigen Bußhilfe für mich dient. In dieser Aussprache stelle ich mich der Kirche; ich werde gestärkt, unterstützt, losgesprochen.

Ich spreche vom Zusammenhang zwischen Beicht und aufrichtiger Gemeinschaft, weil meines Erachtens alle Bestrebungen zu einem gemeinschaftlichen Leben auf die Bußhaltung zurückgehen müssen. Um uns davon zu überzeugen, brauchen wir uns bloß zu fragen, was denn eigentlich die Gemeinschaftsinitiativen irgendwie blockiert: ein gegenseitiges Mißtrauen. Wir vertrauen uns einander nicht voll an aus Angst, der andere könnte uns manipulieren, von uns profitieren, und deshalb geben wir nur in einiges, aber nicht in alles von uns Einblick. Nun aber glückt es uns nur in gegenseitiger Bußbereitschaft, in Aufrichtigkeit und Offenheit nach und nach, uns mehr anzuvertrauen, uns einander anzuvertrauen im Glauben auch auf die Gefahr hin, dabei uns die Finger zu verbrennen. Ohne daß man dieses Risiko auf sich nimmt, kommt es zu keiner Gemeinschaft und können wir nicht wir selbst sein.

Ich glaube also, daß eine Gemeinschaft des Glaubens, des Sich-Anvertrauens, des Vertrauens auf Gott und des gegenseitigen Vertrauens unter uns allen in einer solchen Bereitschaft zur Buße gründet.

Schließen wir mit einem Gebet, damit der Herr uns einsehen lasse, wie sehr wir seiner bedürfen:

Gott, unser Vater, durch Jesus Christus, deinen

Sohn, den Gekreuzigten und Auferstandenen, der uns den Geist des Lebens schenkt und in unserer Mitte weilt, hast du uns berufen, eine Gemeinschaft zu bilden. Erfülle uns mit dem Geist der Buße, dem Geist der Versöhnung. Dadurch wachse das gegenseitige Vertrauen, indem wir uns als Brüder Christi erkennen, die durch sein Blut, seinen Tod und seine Auferstehung gerettet sind. Darum bitten wir durch ihn, Jesus Christus, unseren Herrn, Amen.

Jesus wird versucht und siegt

Vergegenwärtigen wir uns zuerst, was Lukas über die Versuchung Jesu berichtet (4, 1–12): „Erfüllt vom Heiligen Geist, verließ Jesus die Jordangegend. Darauf führte ihn der Geist vierzig Tage lang in der Wüste umher, und dabei wurde Jesus vom Teufel in Versuchung geführt. Die ganze Zeit über aß er nichts; als aber die vierzig Tage vorüber waren, hatte er Hunger. Da sagte der Teufel zu ihm: Wenn du Gottes Sohn bist, so befiehl diesem Stein, zu Brot zu werden. Jesus antwortete ihm: In der Schrift heißt es: *Der Mensch lebt nicht nur von Brot.* Da führte ihn der Teufel (auf einen Berg) hinauf und zeigte ihm in einem einzigen Augenblick alle Reiche der Erde. Und er sagte zu ihm: All die Macht und Herrlichkeit dieser Reiche will ich dir geben; denn sie sind mir überlassen, und ich gebe sie, wem ich will. Wenn du dich vor mir niederwirfst und mich anbetest, wird dir alles gehören. Jesus antwortete ihm: In der Schrift steht: *Vor dem Herrn, deinem Gott, sollst du dich niederwerfen und ihm allein dienen.* Darauf führte ihn der Teufel nach Jerusalem, stellte ihn oben auf den Tempel und sagte zu ihm: Wenn du Gottes Sohn bist, so stürz dich von hier hinab; denn es heißt in der Schrift:

Seinen Engeln befiehlt er, dich zu behüten; und: *Sie werden dich auf ihren Händen tragen, / damit dein Fuß nicht an einen Stein stößt.*

Da antwortete ihm Jesus: Die Schrift sagt: *Du sollst den Herrn, deinen Gott, nicht auf die Probe stellen.* Nach diesen Versuchungen ließ der Teufel für eine gewisse Zeit von ihm ab."

Lesen wir dazu auch den dritten Punkt der Betrachtung von der Geburt in den „Geistlichen Übungen" des hl. Ignatius: „Schauen und erwägen (considerar), was sie *tun*, etwa wie sie reisen und mühevoll arbeiten, dazuhin, daß der Herr in größter Armut geboren werde und am Ende von so vielen Mühen, von Hunger und Durst, von Hitze und Kälte, von Schmähungen und Beschimpfungen am Kreuz sterbe, und das alles für mich. Dann darüber nachdenken, um einigen geistlichen Nutzen zu ziehen."

Herr Jesus Christus, für jeden von uns wolltest du den Weg der Prüfung betreten. Für jeden von uns hast du gekämpft und gesiegt. Bestehe jetzt in uns siegreich die Prüfungen, die wir für die Kirche und die Brüder durchmachen. Der du lebst und herrschest in Ewigkeit. Amen.

Denken wir nun über den Beginn des öffentlichen Lebens Jesu nach, das Lukas mit der Versuchung (4, 1–12) beginnen läßt. Man könnte endlos nachsinnen über diesen Abschnitt des Lukasevangeliums, der überaus reich an Symbolgehalt, Psychologie, geistlichen Einsichten und Bezügen auf das Alte Testament ist.

Wir möchten die Gestalt des Herrn ins Zentrum stellen, der unseretwegen den Kampf auf sich zu nehmen beginnt. Wie mir scheint, ist diese Szene für die Darstellung Jesu bei Lukas von großer Bedeutung. Ich möchte die verschiedenen Gedanken über diese Erzählung vom Beginn des öffentlichen Lebens unter die Titel fassen: a) programmatischer Beginn; b) heilwirkender Beginn; c) prophetischer Beginn. Diese Titel decken natürlich nicht den ganzen reichen Sinngehalt dieses Abschnitts ab, bringen jedoch in das, was ich sagen möchte, eine gewisse Ordnung. Wir wollen zuerst den Sinn der Erzählung erheben, um sodann kurz nachzusehen, worin die einzelnen Versuchungen Jesu bestehen und was sie bedeuten. Man könnte nachher ganz persönlich über sich selbst nachdenken, indem man sich fragt: Auf welche Weise will ich, besser gesagt auf welche Weise soll ich nach dem Willen Jesu an seiner Prüfung, seinen Kämpfen, seinen Mühen, seiner Pein teilnehmen?

Beginnen wir mit der Bemerkung, daß man für gewöhnlich den Beginn des öffentlichen Lebens Jesu auf den Anfang von Kapitel 3 des Lukasevangeliums ansetzt. Die Versuchungen wären dann eine Episode, die sich erst nach dem Beginn des öffentlichen Lebens Jesu abspielt. Wenn wir aber das Lukasevangelium im Zusammenhang lesen, enden die Vorberichte meines Erachtens nicht mit „seine Weisheit nahm zu, und er fand Gefallen bei Gott und den Menschen" (Lk 2, 52), sondern mit der Genealogie Jesu, die von Josef bis auf Adam und Gott zurückgeführt wird (Lk 3, 23–38). Auf den Stammbaum folgt der Bericht über die Versuchung Jesu, die das Erste ist, was nach der Vorbereitungszeit erzählt wird.

Dies erhellt noch klarer, wenn wir uns vor Augen halten, daß die beiden ersten Kapitel jeweils abwechslungsweise vom Täufer und von Jesus reden. Zuerst wird die Geburt des Johannes und dann die Geburt Jesu verheißen; nachher kehrt man zu der Geburt des Johannes in dessen Heim zurück; mit der Geburt Jesu und den Geschehnissen während seiner Kindheit weilt man

85

wieder bei Jesus; schließlich kehrt man zu Johannes zurück, der in der Wüste predigt, sodann zu Jesus, der sich zu Johannes begibt, und wieder zu Jesus, dessen Stammbaum verzeichnet wird. Dies spricht dafür, die Predigt des Johannes für den Abschluß der Vorbereitung Jesu auf sein öffentliches Wirken zu halten: Jesus erscheint am Ende der Predigt des Täufers als selbständige Persönlichkeit, wird vom Geist erfüllt und vom Vater beglaubigt und tritt dann mit dem Stammbaum und der Versuchungsgeschichte in den Vordergrund. Lukas scheint also auf die Versuchungen viel Gewicht gelegt zu haben; er läßt das öffentliche Leben nicht mit dem Auftreten Jesu in Nazaret beginnen, obwohl dieses von programmatischer Bedeutung ist.

1. Heilwirkender Beginn

Fragen wir uns nun: Weshalb bedeuten die Versuchungen den Anfang des öffentlichen Lebens Jesu? Meine Antwort ist die: Es handelt sich um einen programmatischen Beginn, einen typischen Beginn, der alles Folgende in sich enthält. Ich möchte dies an einem Beispiel erläutern. In der Lebensbeschreibung des Thomas Morus hat mich eine Episode besonders beeindruckt, die sich – bis auf diese oder jene Einzelheit, die mir vielleicht entgangen ist – wie folgt abgespielt hat: Thomas Morus wird vom König an den Hof beordert; er weiß, was auf ihn wartet (die Absetzung und all das, was auf sie folgen kann: die Prüfung, die Versuchung, die Folterung, der Tod). Doch er besteigt gehorsam das Boot, um sich auf den Weg zu machen, und versinkt in tiefes Schweigen. Das Boot gleitet auf der Themse dahin und man hört bloß das Geräusch des Ruderns, während

Thomas nachsinnt. Doch auf einmal ruft er aus: „Ich habe gesiegt!"

Dies scheint mir den programmatischen Sinn der Versuchungen bei Lukas ein wenig zu veranschaulichen: Zwei Geisteshaltungen prallen aufeinander, aber im Grunde hat Jesus im Kampf schon gesiegt. Das will nicht heißen, daß für Thomas Morus darauf nicht doch noch die Prüfungen, Schmeicheleien, Lockungen und anschließend die Torturen folgen, damit er nachgibt. Doch als er in diesem Moment, ins Gebet versunken, vor all das Schreckliche gestellt ist, das auf ihn lauert, vertraut er sich Gott an, verspürt, daß ihm die Gnade Gottes zuteil wird und ihn stärkt, und ruft dann aus: „Ich habe gesiegt!". Seine Versuchung ist überwunden.

In diesem Sinn können wir unseren Blick auf Jesus, den Urheber und Vollender des Glaubens richten, der als Erster für uns gesiegt hat, ob nun diese Versuchungen ein konkretes Ereignis im Leben Jesu darstellen, was mir aus der Erzählung hervorzugehen scheint, oder eine Zusammenfassung von all dem, was er dann im öffentlichen Leben durchmachen muß. Der ganze Kampf Jesu wird hier typisch, zusammenfassend dargestellt.

Jesus hat für uns gesiegt, indem er den rechten Weg wählte und trotz aller Lockungen nicht einen Abweg. Er traf diesen Entscheid, indem er sich aus Liebe zu uns persönlich der Versuchung stellte, um uns zu retten, um sich in uns einwurzeln zu können. In diesem Sinn ist dies ein „heilwirkender Anfang", denn es handelt sich nicht bloß um eine Darstellung, sondern um eine Wirklichkeit, die Jesus in seinem Fleisch erlebt. Jesus verzichtet auf die ihm zustehenden Vorrechte und schlägt den Weg des Dienens ein mit den damit zusammenhängenden Erniedrigungen bis zu seiner Verstoßung, seinem Scheitern. Er setzt sich hier dem Risiko

des totalen Mißerfolgs aus und verzichtet auf die Sicherheiten, auf die er hätte bauen können kraft seiner
Vorrechte, kraft der messianischen Privilegien, die ihm
als dem „Messiaskönig" hätten zukommen können,
kraft aller Vorteile, die seine Karriere als „Wundertäter"
ihm hätten verschaffen können. Jesus rettet uns dem
Ansatz nach vom Geist der Welt, er lehrt uns als Meister des wahren Lebens das echte Leben. Um diese
Heilskraft der Selbstüberwindungen Jesu besser zu verstehen, könnten wir in die Meditation drei Abschnitte
des Hebräerbriefes einbeziehen (Zwischen diesem Brief
und dem Lukasevangelium bestehen so viele Ähnlich-
keiten, daß jemand schon auf den Gedanken gekommen ist, Lukas für den Verfasser des Hebräerbriefs zu
halten): Hebr 2, 15 ff; Hebr 4, 15 ff und schließlich Hebr
5, 2 ff und 5, 7 ff.

Die Stelle Hebr 2, 14–18 lautet: „Um die zu befreien,
die durch die Furcht vor dem Tod ihr Leben lang der
Knechtschaft verfallen waren, ... mußte er in allem seinen Brüdern gleich sein, um ein barmherziger und
treuer Hohepriester vor Gott zu sein und die Sünden
des Volkes zu sühnen. Denn da er selbst in Versuchung
geführt wurde und gelitten hat, kann er denen helfen,
die in Versuchung geführt werden."

Hier bereitet der Verfasser des Hebräerbriefes auf die
darauf folgenden Lehren vor: Jesus wurde geprüft, um
ein barmherziger und treuer Hohepriester zu sein –
treu, darum ist er Gott wohlgefällig, barmherzig, darum
verdient er unser Vertrauen.

Kapitel drei und vier entfalten den Gedanken, daß
Jesus das Vertrauen Gottes verdient; die Kapitel vier
und fünf (am Schluß) den Gedanken, daß Jesus auch
unser Vertrauen verdient, weil auch er geprüft worden
ist, so daß wir sehen, er ist uns ähnlich geworden und

somit fähig, mit uns Mitleid und Erbarmen zu haben. Hebr 4, 15–16 spricht davon, daß Jesus zu Mitgefühl fähig ist, weil er selbst eine Prüfung durchgemacht hat. Am Schluß dieser Darlegung weist Hebr 5, 2 auf das Mitleid hin, das der wie wir der Schwäche unterworfene Hohepriester mit uns hat, und sagt dann abschließend: „Als er auf Erden lebte, hat er mit lautem Schreien und unter Tränen Gebete und Bitten vor den gebracht, der ihn aus dem Tod retten konnte, und er ist erhört und aus seiner Angst befreit worden. Obwohl er der Sohn war, hat er durch Leiden den Gehorsam gelernt; zur Vollendung gelangt, ist er für alle, die ihm gehorchen, der Urheber des ewigen Heils geworden und wurde von Gott angeredet als Hoherpriester nach der Ordnung Melchisedeks'" (Hebr 5, 7–8). Weil Jesus die Prüfung durchgemacht hat, ist er für uns zum Urheber des ewigen Heils geworden.

Wir werden auf diese Worte zurückkommen. Jetzt aber möchte ich dazu einladen, dies auf unser Leben anzuwenden und zum Herrn zu sagen. „Ich entscheide mich für dich, den Geprüften und Erniedrigten; ich entscheide mich dazu, dir nachzufolgen. Du aber gib mir Mitleid und Erbarmen mit den Brüdern!" Wie Jesus dadurch, daß er die Prüfung auf sich nimmt, zum erbarmenden Priester wird, so können auch wir bloß dadurch, daß wir wie Jesus mutig Prüfungen auf uns nehmen, von Erbarmen und Mitleid mit den Brüdern erfüllt werden und wirklich am Priestertum Christi teilnehmen.

2. Prophetischer Beginn

Die Versuchung Jesu ist auch ein prophetischer Beginn. Um dies zu verdeutlichen, beziehe ich mich auf Lk 4, 13: „Nach diesen Versuchungen ließ der Teufel für eine gewisse Zeit von ihm ab." Mich dünkt, diese Stelle gibt den Sinn, den Lukas im Auge hat, treffend wieder: Jesus wird zu Beginn seines öffentlichen Lebens versucht, und dies ist eine Prophetie dessen, was am Ende in der großen, letzten Versuchung auf ihn zukommen wird. Das öffentliche Leben Jesu spielt sich also zwischen zwei Versuchungen ab und ist somit als ganzes eine Prüfung; es steht unter dem Zeichen der Prüfung. Jesus hat nicht bloß zwei Versuchungen durchgemacht, sondern wurde während seines ganzen Lebens geprüft. Er sagt ja beim Letzten Abendmahl zu den Aposteln: „In all meinen Prüfungen habt ihr bei mir ausgeharrt" (Lk 22, 28). Er ist sich also im klaren, daß sein ganzes Leben eine Prüfung war, die zwischen zwei Höhepunkten verlief: dem Beginn und dem Ende des öffentlichen Lebens.

Befassen wir uns kurz mit der letzten Prüfung, was uns behilflich sein wird, die erste noch besser zu verstehen. Ich denke dabei vor allem an das, was ich die zweite schwere Versuchung, die am Kreuz, nennen möchte (Lk 23, 35 ff). Beachten wir, daß hier die Dreizahl wiederkehrt: Jesus ist in der Wüste dreimal versucht worden und hier sind es wiederum drei Herausforderungen, in denen die Stimme Satans erklingt, die sich stereotyp an Jesus wendet. Erinnern wir uns an den in Bedingungsform gehaltenen Satz der ersten Versuchung: „Wenn du Gottes Sohn bist, so befiehl diesem Stein, zu Brot zu werden" (Lk 4, 3). Und nun heißt es in Lk 23, 35: „Die Leute standen dabei und schauten zu;

auch die führenden Männer des Volkes verlachten ihn
und sagten: Anderen hat er geholfen, nun soll er sich
selbst helfen, wenn er der erwählte Messias Gottes ist."
Und in 23,37 sagen die Soldaten: „Wenn du der König
der Juden bist, dann hilf dir selbst!" Und schließlich einer der Mitgekreuzigten: „Bist du denn nicht der Messias? Dann hilf dir selbst und auch uns!" (Lk 23,39).
Nun, da wir ihn am Kreuz erblicken, verstehen wir, wie
akut, wie dramatisch die Versuchung Jesu war. Jesus
wird hier gerade in seiner Sendung versucht; er wird
aufgefordert, sich seine Macht zunutze zu machen, um
nicht sterben zu müssen: „Nütze doch deine Macht:
Laß sehen, ob du diese Macht hast! Die Könige der Erde
retten sich, lassen sich nicht einfach niedermetzeln.
Warum läßt du, der du doch König bist, dich töten?"
Jesus wird eben in dem versucht, was ihm am meisten
am Herzen liegt und seine Sendung glaubhaft macht.

Jesus ist ja gekommen, den Glauben zu wecken, und
jetzt sagt man zu ihm: „Wenn du willst, daß wir an
dich glauben, so rette dich!" Wir können erahnen, welche Wunde im Herzen des Erlösers aufgerissen wird,
der in seiner eigentlichen Aufgabe, den Menschen den
Glauben zu schenken, versucht wird. Falls er vom
Kreuz hinuntersteigt, wird dieses Volk rufen: „Es lebe
Gott!" Doch Jesus steigt nicht hinab; er steigt nicht
hinab, denn er will den vom Vater vorgezeichneten
Weg gehen, und dieser Weg ist noch viel wirksamer als
der Erfolg, den er erringen könnte, wenn er ihm nicht
folgen würde. Von dieser Erwägung aus können wir verstehen, wie dramatisch auch schon der erste, anfängliche Entscheid war, auch wenn die Versuchung in gröbe-
rer Form erfolgte (Brot, um den Hunger zu stillen; aufsehenerregende Taten, um Beifall zu ernten; sich von
der Tempelzinne hinunterstürzen und aus der Macht

Profit schlagen, die Satan ihm anbietet). Doch als Jesus am Kreuz hängt, werden diese Zumutungen auf die Spitze getrieben, und wir sehen, mit welcher Kraft und welchem Mut Jesus sich durchringt, auch im dunkelsten Nichtverstehen, während er gerade in seinem tiefsten Verlangen getroffen wird.

Wir können wohl nur in stiller Besinnung, in der Liebe, die wir dem Herrn Jesus entgegenbringen, erfassen, wie schwer seine Prüfung war und was er litt, als er diesen Weg wählte. Wir können zu ihm sagen: „Du, Herr, hast um unseretwillen gewählt, sonst hättest du uns den Weg der Herrschaft, des An-sich-Reißens, des Mißbrauchs der Vorrechte gelehrt, den Weg, sich ins Zentrum zu stellen; den Weg, den Satan dir am Beginn und am Ende deines Wirkens vorschlägt. Du aber bist gekommen, uns zu lehren, daß der Vater im Zentrum steht." So siegt er, schon vom ersten Moment an, wo er sich die Worte der Schrift zu eigen macht, welche die Absolutheit Gottes, den Primat Gottes aussagen. Man kann Gott nicht als den Absoluten proklamieren, wenn man sich selbst ins Zentrum stellt; man muß Gott mit göttlichen Mitteln verkünden, nun aber besteht das göttliche Mittel darin, daß man die Ehre Gottes anerkennt, auch wenn dies in einer Situation des Widerspruchs und der Zurückweisung zum Verlust des eigenen Lebens führt.

3. Ein Sieg für uns

Im Blick auf den Herrn, der für uns siegt, wollen wir ihn bitten, auch in der jetzigen Situation für uns zu siegen und uns die Kraft zu geben, für die anderen zu leben.

Nun möchte ich kurz zu den Worten des Hebräerbriefs zurückkehren, die wir jetzt vielleicht besser verstehen können. Wir fragen uns noch tiefer: Wie weit hat der Herr für uns siegen können, wie weit hat er sich für uns hingegeben? Wir haben die betreffende Stelle (Hebr 5,7–8) schon angeführt: „Als er auf Erden lebte, hat er mit lauten Schreien und unter Tränen Gebete und Bitten vor den gebracht, der ihn aus dem Tod retten konnte, und er ist erhört und aus seiner Angst befreit worden. Obwohl er der Sohn war, hat er durch Leiden den Gehorsam gelernt; zur Vollendung gelangt, ist er für alle, die ihm gehorchen, der Urheber des ewigen Heils geworden."

Diese Worte sind sehr schwer zu verstehen (es werden darüber endlose exegetische Diskussionen geführt). Die Hauptschwierigkeit besteht offensichtlich darin, daß es den Anschein macht, Jesus sei nicht erhört worden: Jesus starb, und Gott, der ihn retten konnte, hat ihn nicht erhört. Was wollen die angeführten Worte besagen? Es gibt eine Reihe von Deutungsversuchen. Ich schlage eine Erklärung vor, an die ich schon seit längerer Zeit denke, nur weiß ich nicht, ob sie dem, was wir aus dem Neuen Testament wissen, entspricht.

Die Sprache, deren sich der Verfasser des Hebräerbriefs hier bedient, ist eine Opfersprache: „Er hat Gebete und Bitten dargebracht". Es ist eine Sprache, die an einer anderen Stelle des Briefes wiederkehrt, wo es heißt, Jesus habe seinen Willen geopfert, seinen Leib Gott zum Opfer gebracht: „Da sagte ich: Ja, ich komme, ... um deinen Willen, Gott, zu tun" (Hebr 10,7). Welche Bitte hat also Jesus unter Tränen dargebracht? Meiner Ansicht nach nicht die, vom Tod verschont zu werden. Wenn wir das Evangelium aufmerksam lesen, bittet Jesus sogar in seiner Agonie darum, daß sich der Wille Gottes erfülle. Unter Gebet und Tränen bringt er sich selbst dar, um den Willen des Vaters zu erfüllen, und obwohl er sich vor Gott befindet, der ihn aus dem Tod hätte retten können, zieht er sich nicht zurück; seine Gebete und Tränen gehen dahin, sich in der Prüfung, in der Erniedrigung für uns darzubringen. Und Jesus wird erhört; der Vater nimmt ihn an, damit wir in den Prüfungen Sieger bleiben. Deswegen wird er zum Urheber des Heils für alle, die ihm gehorchen, denn er hat sich für uns dem Vater dargebracht und in seinem Fleisch das Verlangen, sich zu retten, sich aus der Umklammerung durch den Tod zu befreien, besiegt. Und all dies hat er für uns getan, die nach ihm in eine ähnliche Lage geraten.

4. Die Versuchung Jesu und unsere Prüfungen

Nun können wir uns in einer letzten Besinnung fragen: Welche konkreten Prüfungen hat Jesus zu Beginn seines öffentlichen Lebens typisch und programmatisch durchgemacht, welches sind unsere Prüfungen? Unsere Hingabe an Christus nimmt heute die Färbung unseres apostolischen Lebens an, der Mühe, des Einsatzes, des Mutes, den diese Aufgabe erfordert; sie nimmt heute die Färbung der Glaubensprüfung an, die uns darin auferlegt ist, daß wir in einer glaubenslosen Welt, zwischen Menschen, die uns im Grunde verlachen oder bemitleiden, als kleine Herde zu leben haben.

Wenn wir daran denken, daß es außer einer kleinen Gruppe von Sympathisanten eine ganze Masse von Menschen gibt, die am Glauben kein Interesse haben, uns belächeln, das, was wir sagen, nicht ernst nehmen, dann fühlen wir uns in eine fürchterliche Glaubensprobe versetzt. Denken wir also über die drei Prüfungen

Jesu nach und fragen wir uns, wie sie sich in unserem Leben widerspiegeln. Einige Elemente sind ganz klar:

Jesus lehnt es erstens ab, aus den apostolischen Gaben, die ihm zuteil geworden sind, für sich selbst Profit herauszuschlagen. Er bedient sich der charismatischen Gaben nicht dazu, um sich selbst zu retten, sondern nimmt das Schicksal des Gotteswortes hin (Lukas wird später diesen Gedanken im Bild vom Samenkorn ausfalten). Als Jesus sich zum Gotteswort macht, gedenkt er nicht, sich vor dem schlimmen Schicksal dieses Wortes zu schützen, sondern nimmt dieses Los auf sich. Und wenn dieses Wort zurückgewiesen wird, wird mitsamt ihm auch Jesus zurückgewiesen. Denken wir also über die Frage nach: Wie weit bin ich bereit, das widrige Schicksal des Gotteswortes zu teilen als etwas, das sich auf meine eigene Person, auf mein Schicksal, meine persönliche Laufbahn auswirken kann und schon auswirkt?

Was die andere Versuchung, nämlich die, sich von der Zinne des Tempels hinabzustürzen, betrifft, könnten wir vielleicht sagen: Jesus geht nicht darauf aus, mit aufsehenerregenden Taten dem Gotteswort Raum zu schaffen, sondern läßt das Wort so, wie es ist, sich Raum schaffen. Das Wort ist gütig, ist arglos. Darum zeigt sich Jesus arglos, gütig, hilfreich; er wirkt Wunder, protestiert gegen Ungerechtigkeit, vollbringt aber nicht Werke, die über das hinausgingen, was das Wort ist. Wenn er sich von der Tempelzinne stürzen würde, könnte er etwas Aufsehenerregendes bieten, das vielleicht viele zum Glauben brächte, aber durch ein Mittel, das mit dem Glauben nichts zu tun hat (und die gleiche Versuchung wird sich dramatisch wiederholen, als man das Ansinnen an ihn stellt, vom Kreuz herabzusteigen). Jesus will den Glauben bringen, nicht indem er vom Kreuz steigt, sondern indem er den Tod in Liebe auf sich nimmt. Die liebende Annahme des Todes entspricht dem Glauben, bekundet den Glauben, während darin, daß man sich durch ein Wunder rettet, weder der Glaube noch die erbarmende Liebe Gottes bekundet wird. Darüber müssen wir nachdenken, wenn unsere Nachfolge Jesu seine „Kleidung" und „Tracht" annehmen soll. Wir müssen uns seinem Schicksal sosehr angleichen, daß wir das Los seines Wortes und auch die Wirkweise seines Wortes annehmen. Ich denke an das Bestreben des Ignatius, dem Gotteswort seine Unentgeltlichkeit zu belassen. Wir müssen es so verkünden, wie es ist, und dürfen es nicht zu etwas machen, das uns Lob einbringt.

Daraus, daß Jesus alle Reiche der Welt angeboten werden, können wir vielleicht den Sachverhalt lesen, den wir beständig erfahren: Es gibt keinen apostolischen Erfolg ohne irgendwelche Macht, und jeder von uns, der im Apostolat Erfolg hat, schafft sich einen kleinen Machtkreis. Dies läßt sich nicht umgehen, es bildet sich ein Kreis von Einfluß, von Freunden, von Menschen, die wir um eine Gefälligkeit bitten können.

Das ist normal und liegt in der Logik der Dinge; wir müssen aber aufpassen, daß diese Macht nicht auf Abwege gerät. Seien wir uns stets bewußt, daß es so lange gut geht, als wir Freunde haben, weil das Gespräch Freundschaft stiftet und darum ein Austausch im Geben und Haben stattfindet. Wie leicht aber geht man dann dazu über, die Freunde zu benützen, um sich noch weitere Freunde zu machen, sich einen Kreis von Interessen und Stützen zu verschaffen, und all dies bindet uns viel mehr, als wir meinen. Natürlich wäre es naiv, wollte man darauf mit dem Gegenteil reagieren und die Freundschaften abbrechen, die Wohltäter schlecht behandeln. Doch es gibt einen Mittelweg, den Weg in der Freiheit des Evangeliums, den wir gehen sollen und den nur der Herr uns finden lassen kann. Dies müssen wir uns beständig vor Augen halten, weil ein Fehlverhalten für unser Evangelisationswerk verhängnisvoll sein könnte. Das sind einige Überlegungen, die wir anstellen können, wenn wir über unser Engagement in der Nachfolge Christi nachdenken.

Schließen wir unsere Besinnung mit einem Gebet:

Herr Jesus, nimm unsere Selbstaufopferung an, die wir zum Abschluß der Betrachtungen über das Reich schon wiederholt gemacht haben. Laß uns deren Sinn besser erfassen. Laß uns einsehen: Wenn du von uns verlangst, die Armut, Erniedrigung, Verachtung zu lieben, so geschieht dies nicht einfach aus einem Hang zum Absonderlichen, sondern weil dies die Schicksalsbestimmung des Gotteswortes, dein Schicksal ist. Wenn wir das Los des Evangeliums teilen, erleben wir die Freiheit des Evangeliums und die Auseinandersetzungen und Prüfungen, die es mit sich bringt. Laß in uns, Herr, diesen Willen zu Armut und Erniedrigung lebendig werden im Suchen nach Wahrheit, nach der Verbindung mit dir, im Streben danach, daß wir für die anderen ein echtes Wort von dir sind. Sieh, Herr, wir sind im Wirrwarr des Lebens nicht imstande, dies zu erfassen, wenn nicht du unser Herz, unseren Sinn erhellst und umgestaltest und uns den Mut gibst, den wir nicht aus eigener Kraft aufbringen. Um all dies bitten wir dich, Herr, um deiner Versuchung, deines Leidens, deines Sterbens, deiner glorreichen Auferstehung willen. Amen.

Achte Meditation

Die erbarmende Predigt Jesu wird zurückgewiesen

Der ersten Betrachtung der zweiten Exerzitienwoche geht als dritte Vorübung voraus: „Bitten um das, was ich begehre: hier soll ich um innere Erkenntnis des Herrn bitten, der dazu für mich Mensch geworden ist, daß ich Ihn je mehr liebe und ihm nachfolge" (Geistliche Übungen, Nr. 104).

Diese Vorübung läßt sich den einzelnen Meditationen anpassen. In der folgenden Meditation über die Predigt Jesu zu Nazaret bitten wir um eine tiefe Erkenntnis Jesu, der in der Synagoge Worte der Gnade gesprochen hat und zurückgewiesen worden ist.

In den „Geistlichen Übungen" heißt es: „Wer mit mir kommen will, der hat damit zufrieden zu sein, zu essen wie ich und ebenso zu trinken, sich zu kleiden usw. Ebenso muß er wie ich bei Tag sich abmühen und bei Nacht wachen usw., damit er so nachher auch mit mir Anteil am Sieg erhalte, wie er teilhatte an den Mühen" (Nr. 93). Und: „Mein Wille ist es, die ganze Welt und alle Feinde zu unterwerfen und so in die Herrlichkeit meines Vaters einzugehen" (Nr. 95).

Dieser Satz ist von Lukas inspiriert, und das messianische Programm, das Lukas (Kap. 24) zufolge Jesus den beiden Emmausjüngern darlegt, lautet: „Mußte nicht der Messias all das erleiden, um so in seine Herrlichkeit zu gelangen?" (Lk 24, 26).

Und wiederum sagt Ignatius: „Wer deshalb mit mir

kommen will, hat sich zusammen mit mir abzumühen, damit er, wie er mir in der Mühsal folgte, so mir auch folge in der Herrlichkeit" (Nr. 95).

Herr, laß uns dich ganz tief erkennen; gib uns diese Gnade der Erkenntnis, die wir durch kein Studium, keine Anstrengung selbst erwerben können, denn sie ist die Frucht deines Geistes.

Mach, daß wir in diesem Wissen um dich, um das Schicksal deines Wortes, dich lieben und uns mit dir identifizieren können. Du hast den Menschen das Wort der Gnade verkündet mit all dem, was dieses Wort an Frucht oder auch an Schwierigkeiten und Bedrängnissen mit sich bringt. Herr, gib uns Mut, Wirklichkeitssinn und Wahrheit.

In diesem Verlangen können wir über die Predigt Jesu in der Synagoge von Nazaret (Lk 4, 16–30) nachsinnen. Wie vor allem am Schluß der Szene zutage tritt, steht diese Predigt Jesu unter dem Zeichen des Widerspruchs und Mißerfolgs. Weshalb beginnt Lukas damit? Hätte er nicht, wie Matthäus, mit einer so umwerfenden, pakkenden Predigt, wie die Bergpredigt es ist, beginnen können? Oder, wie Markus, mit der ersten Wahl seiner Jünger?

Wir müssen also in die Frage eindringen, was uns Lukas damit, daß er die Laufbahn Jesu so seltsam beginnen läßt, sagen will. Er stellt damit gewiß nicht ein eisernes Gesetz auf, so daß jede Predigt eines Neupriesters eine Katastrophe sein müßte. Vielmehr gibt uns Lukas in diesen zusammenfassenden Szenen einen Deutungsschlüssel für das ganze Wirken Jesu in die Hand. So wie er in der Versuchungserzählung das ganze Leben Jesu als Kampf gegen die von Satan ausgehende Verlokkung und als Sieg verstanden hat bis hin zum Kreuz, so stellt er hier das ganze Wirken Jesu als einen Dienst der Gnade und des Erbarmens dar, der seltsamerweise zurückgewiesen wird.

Lk 4, 16–30 ist ein schwieriger, ja verwirrender Text sowohl wegen seiner Aussage, als auch exegetisch. Es stellen sich literarische und historische Probleme und natürlich das theologische Problem: Was will uns Lukas mit diesem Abschnitt lehren?

Da es sich um einen zusammenfassenden Text handelt und jedes Wort einen sehr tiefen Sinn hat, können wir uns nicht in die Tiefe all dessen versenken, was gesagt wird. Deshalb beschränken wir uns auf einige Aspekte, die in der Richtung des Eingangsgebets sowie der Betrachtung des Reiches und der ignatianischen Vorübung der Betrachtung über die Geburt Jesu liegen.

1. Der Grundzug des Textes

Die Betrachtung über die Geburt sagt in Punkt 3: „Schauen und erwägen, was sie tun, etwa wie sie reisen und mühevoll arbeiten, dazuhin, daß der Herr in größter Armut geboren werde und am Ende von so vielen Mühen, von Hunger und Durst, von Hitze und Kälte, von Schmähungen und Beschimpfungen am Kreuz sterbe, und das alles für mich. Dann darüber nachdenken, um einigen geistlichen Nutzen zu ziehen" (Nr. 116).

Ignatius sieht also in der Betrachtung über die Geburt Jesu schon alles bis zum Kreuz, und so sieht Lukas in dieser ersten Predigt Jesu alles bis zur Beseitigung Jesu, bis zu seinem Tod am Kreuz. Er lädt uns also ein, über das dunkle Geheimnis nachzusinnen, daß das Gnadenwort zurückgewiesen wird.

In diesem Abschnitt stellt sich wie gesagt ein literarisches Problem, und zwar die Frage: Was hat Lukas als Schriftsteller hier geleistet, wie hat er diesen Abschnitt verfaßt? Für gewöhnlich gibt man zur Antwort, er habe ihn aus verschiedenen Traditionen zusammengestellt im Anschluß an einen Besuch Jesu in Nazaret, bei dem dieser eine günstig aufgenommene Predigt gehalten habe. Die „Bibel von Jerusalem" gibt eine gute Zusammenfassung der Ergebnisse, welche die Forschung über die Frage der Abfassung dieses Abschnitts zutage gefördert hat:

„In diesem Abschnitt scheinen drei Besuche verbunden zu sein: ein erster Besuch, v. 16–22, der in den geschichtlichen Zusammenhang von Mt 4,13 zu stellen ist (Jesus wird geehrt); ein zweiter Besuch, v. 23–24, den Mt und Mk berichten (Jesus erregt Verwunderung); ein dritter Besuch, v. 25–30, den Mt und Mk nicht kennen, während der letzten Zeit des Wirkens in Galiläa (Jesus wird bedroht). Lukas hat damit eine Antrittsszene gestaltet, die in einer symbolischen Verkürzung das Heilsangebot Jesu und dessen hochmütige Ablehnung durch sein Volk darstellt."

Die vorhergehenden Traditionen waren also wahrscheinlich die: der erfolgreiche Besuch Jesu in Nazaret; ein späterer, mißglückter Besuch; die auf die Propheten abgestützte Predigt Jesu. Diese verschiedenen Elemente werden zu einer einzigen Szene verarbeitet, worin Jesus nach Nazaret kommt, dort predigt, zum ersten Mal eine programmatische Predigt hält, die man zunächst günstig aufnimmt und dann zurückweist. Und hierin eben liegt die Schwierigkeit: An welchem Punkt beginnt in diesem Abschnitt die Zurückweisung Jesu?

Wir ersehen diese Schwierigkeit bei der Interpretation von Vers 22, weil in Vers 23 Jesus unversehens zum Angriff übergeht, und man versteht nicht so recht, wieso die günstige Aufnahme in das Gegengeil umschlägt. Auf jeden Fall ist klar, daß Lukas beides miteinander verbinden wollte.

Außer dem literarischen stellt sich ein historisches Problem: Was sagt uns dieser Abschnitt über den geschichtlichen Jesus? Was sagt er uns über die Urgemeinde? Im Blick auf einige Tendenzen und Probleme der Urgemeinde meint man in diesem Abschnitt einen polemischen Einschlag erblicken zu können. Und was sagt uns dieser Abschnitt über Jesus selbst? Er gibt uns einiges zu wissen, was vom Evangelium anderweitig bestätigt wird: daß Jesus sicher anfänglich in den Synagogen lehrte, daß er am Sabbat in die Synagoge ging und sich dann erhob, um zu sprechen; daß Jesus über das Gottesreich sprach und dabei vom Gesetz und den Propheten ausging; daß diese Predigt bald gut aufgenommen, bald zurückgewiesen wurde; daß also Jesus auf Glauben, aber auch auf Skepsis, Unglauben, Unaufmerksamkeit stieß, und daß dies auch in Nazaret der Fall war. Wir haben damit Elemente in Händen, die uns bezeugen, wie Jesus gelebt hat.

Sodann liegt ein Element vor, das wie gesagt mehr die Geschichte der Urgemeinde und der Verwandten Jesu betrifft. Bekanntlich hat Lukas wahrscheinlich eine gegen Nazaret und Galiläa gerichtete Tendenz; in der ganzen Apostelgeschichte erwähnt er das Apostolat der Urkirche in Galiläa nur ein einziges Mal und fast wie aus Versehen. Man hat den Eindruck, daß Lukas auf dem jerusalemischen Christentum besteht, das von den Aposteln selbst in Jerusalem verbreitet wurde, und die Gemeinden in Galiläa – wie Markus bezeugt und die Archäologie bestätigt, waren solche vorhanden – geflissentlich übersieht.

Dahinter liegt wahrscheinlich eine Polemik, wie wenn man den Eindruck und die Angst hätte, die Verwandten Jesu könnten angesichts des Erfolgs Jesu ihn auch in der Urkirche irgendwie vereinnahmen und eine auch an ihr Eigeninteresse gebundene Tradition vorantreiben wollen, so wie man auch heute mit Spitzenpersonen der Kirche verfährt. Es handelt sich vielleicht um ein auf das Wunderwesen, die Heilungen eingeengte Sicht des Christentums, und wahrscheinlich besteht die Sünde Nazarets im Aufgebrachtsein darüber, daß es aus dem Wirken Jesu nicht genug Gewinn, nicht genug Prestige zog. Vielleicht hatte man den Eindruck, Jesus kümmere sich nicht um seine Stadt und wende sich mit Vorliebe anderswohin. Deshalb sagt das Volk: „Warum ist er nicht für uns da?" Lukas scheint in seinem Werk gegen das Christentum von Nazaret Stellung nehmen zu wollen, das an Wundern hing und keinen Sinn für das Universale und das Kreuz hatte und in Jesus bloß den Heiler von Übeln und folglich bloß einen großen wohltätigen Wundervollbringer sah. Lukas hingegen besteht von Anfang an darauf, daß man durch das Kreuz zur Auferstehung gelangt.

Man kann hier sehen, wie aus begrenzten Polemiken klare theologische Sehweisen entstehen. Es liegt also dieses historische Problem vor, über das wir nicht viel wissen, von dem wir aber aufgrund verschiedener Elemente des Lebens der Urkirche uns ein gewisses Bild machen und sehen können, welche Spannungen hinter diesem Abschnitt liegen. Und all das veranlaßt uns zu der wichtigen, nämlich zu der theologischen Frage: Was lehrt uns die Schrift als Gotteswort in diesem Abschnitt?

Suchen wir das herauszufinden, indem wir die einzelnen Elemente dieses Berichts betrachten und uns dann fragen, welche Bedeutung all das für die Glaubenserziehung des Theophilus hat. Sodann vergleichen wir all das mit dem Weg des Ignatius und fragen uns, welche Bedeutung dieser Bericht für den Weg hat, den wir gehen.

Welches sind die einzelnen Momente des Geschehens? Auf die folgenden wollen wir näher eingehen und sie betrachten:

– Jesus geht nach Nazaret;

– Jesus erhebt sich und liest vor;

– Jesus liest einen prophetischen Text vor (sinnen wir ein wenig über diesen Text nach);

– Danach steht Jesus im Zentrum der Aufmerksamkeit und Neugierde; alle Augen heften sich auf ihn;

– Jesus verkündet, daß diese Verheißungen in ihm in Erfüllung gehen;

– Was geschieht nachher? Was macht dieser Bezauberung ein Ende?

– Jesus geht zum Gegenangriff über;

– Schließlich der Schluß, die Katastrophe.

2. Verkündigung in der Heimatstadt

Jesus in Nazaret – denken wir darüber nach, welche Gefühle dabei sich in Jesus und den Bewohnern von Nazaret regen. Jesus hatte schon an anderen Orten gepredigt; er besaß bereits einen gewissen Ruf. Als er dann in sein Heimatstädtchen kommt und seine Bekannten antrifft, wird er innerlich bewegt und fragt sich, was sie von ihm wohl sagen, wie sie ihn wohl aufnehmen werden. Doch die Leute sind vor allem neugierig und, wie gesagt, ein wenig berechnend: „Was schaut wohl für uns dabei heraus, daß dieser Mann so berühmt, zum großen Mann unseres Städtchens wird, der uns überall bekannt macht (alle nannten ihn Jesus von Nazaret) und uns Glanz verleiht? Wie können wir diesen glücklichen Zufall ausnützen?"

Sodann können wir natürlich mitfühlen, von welcher Freude, und Besorgnis zugleich Maria erfüllt war: „Wie wird man ihn wohl aufnehmen? Was wird man von meinem Sohn sagen?" Und dann die Erwartung der Jugendfreunde, derer, die Jesus nie für etwas Besonderes angesehen hatten, und all diese Aufregung, zu der es vor allem in einer geschlossenen Gesellschaft wie der von Nazaret kommt. Jesus kehrt wieder zurück, nachdem er in verschiedenen Ortschaften seiner Sendung nachgegangen ist, nachdem er, wie man in Sardinien sagt, „Brot aus sieben Öfen gegessen" hat, und stellt sich der Situation. Vielleicht wäre es für Jesus leichter gewesen, ihr auszuweichen, einen weiten Umweg um diesen schwierigen und deshalb wenig anziehenden Ort zu machen.

Wie Lukas sagt, begibt sich Jesus jedoch mitten hinein, indem er seiner Gewohnheit gemäß am Sabbat die Synagoge besucht. Er steht auf, entrollt die Schriftrolle und liest die betreffende Stelle laut vor. Das Volk scheint schon darüber verwundert zu sein, daß er gut vorzulesen weiß, da nicht alle ohne weiteres zu lesen verstanden.

Wir haben hier ein Element der lukanischen Sicht vor uns, in der wiederum ein wenig Polemik enthalten ist. Für gewöhnlich las man in den Synagogen einen Abschnitt aus den fünf Büchern Mose vor, hierauf erklärte man ihn und wandte ihn auf das sittliche Leben an. Auf alle Fälle entspricht das dem, was wir vom Synagogengottesdienst der Zeit nach Jesus wissen. Gewiß schätzte man die Propheten, doch viel weniger als die Gesetzesbücher. Jesus bricht mit diesem Brauch, liest einen Abschnitt aus dem Propheten Jesaja vor und bezieht ihn prophetisch auf sich.

Welche Stelle liest Jesus vor? Es ist ein zusammengesetzter Text; also hat ihn Jesus nicht so vorlesen können, wie er hier lautet, denn er besteht aus einem Abschnitt von Kapitel 61 und dann von Kapitel 58. Es handelt sich also um eine Zusammenstellung, die Lukas angefertigt hat. Dieser hat Texte genommen, die Jesus vielleicht bei verschiedenen Gelegenheiten und an verschiedenen Orten angeführt hat, legt nun Jesus das Ganze in den Mund und gibt ihm eine programmatische Bedeutung. Der Text lautet:

„Der Geist des Herrn ruht auf mir; denn der Herr hat mich gesalbt.

Er hat mich gesandt, damit ich den Armen eine gute Nachricht bringe;

damit ich den Gefangenen die Entlassung verkünde und den Blinden das Augenlicht;

damit ich die Zerschlagenen in Freiheit setze und ein Gnadenjahr des Herrn ausrufe" (Lk 4,18–19).

Hat Jesus, der geschichtliche Jesus, in seiner Predigt diesen Text als solchen verwendet? Dies läßt sich kaum sagen, doch sicherlich hat sich Jesus auf die Propheten, zumal auf diesen grundlegenden Text bezogen.

Wenn wir einen etwas unmittelbareren Widerhall der Predigt Jesu haben wollen, können wir Lk 7,22–23 lesen, wo ebenfalls auf diesen Text Bezug genommen wird.

Auf die Frage des Johannes: „Bist du der, der kommen soll, oder müssen wir auf einen andern warten?" (Lk 7,20) antwortet Jesus mit dieser Stelle: „Geht und berichtet Johannes, was ihr gesehen und gehört habt: Blinde sehen wieder, Lahme gehen und Aussätzige werden rein; Taube hören, Tote stehen auf, und den Armen wird das Evangelium verkündet" (Lk 7,22). Hier haben wir auch ein Beispiel dafür, wie Jesus in seiner Predigtpraxis diesen Text sozusagen abwandelte: „Selig ist, wer an mir keinen Anstoß nimmt" (Lk 7,23). Es ist aufschlußreich, auch hier zu sehen, wie auf eine Verkündigung des Erbarmens eine Mahnung folgt und eine Entsprechung zu dem vorliegt, was Jesus in Nazaret zustieß: Man widersetzt sich der Predigt von der Barmherzigkeit.

Was sagt dieser Jesajatext eigentlich? Er sagt, daß in Jesus die Verheißung Gottes in Erfüllung geht, er werde zu den Hoffnungslosen seinen Boten der Barmherzigkeit und Befreiung senden. Dies ist der Sinn, den diese Texte bei Jesaja haben: Einem geknechteten, unterdrückten, verbannten, mißhandelten Volk wird eine hoffnungweckende Botschaft übermittelt. Es wird jemand kommen, der den Elenden und Unglücklichen diese Botschaft ausrichtet, sie Hoffnung schöpfen läßt und die so sehr ersehnte Befreiung aus der Verbannung, von den Leiden, der Unterdrückung bringt.

Dies wird in Jes 61,1–2 ausdrücklich gesagt: „Der Geist Gottes, des Herrn, ruht auf mir; denn der Herr hat mich gesalbt. Er hat mich gesandt, damit ich den Armen eine frohe Botschaft bringe und alle heile, deren Herz zerbrochen ist, damit ich den Gefangenen die Entlassung verkünde und den Gefesselten die Befreiung, damit ich ein Gnadenjahr des Herrn ausrufe, einen Tag der Vergeltung unseres Gottes, damit ich alle Trauernden tröste."

Offensichtlich handelt es sich hier um die Wiederherstellung Israels; die Armen und Elenden werden wieder in ihr Reich versetzt. Dieser Text wirft manche Fragen auf, die auch heute aktuell sind: Verheißt diese Stelle eine gesellschaftliche und politische Befreiung?

Tritt Jesus auf als sozialer und politischer Befreier aus dem armen, unterdrückten Dasein der Proletarier Israels? Wenn man den Ausdruck „arm" im soziologischen Sinn nimmt, kann man natürlich darin die Situation des armen Volkes, der hungernden Tagelöhner sehen, die ewig in Schwierigkeiten sind. Zwar läßt sich die Wirtschaftslage von damals kaum rekonstruieren, doch lebte die große Masse sicherlich schlecht, obwohl man beim patriarchalischen Lebenstypus von damals einander beistand und so ein Lebensminimum ermöglichte. Das Volk wird von den politischen Mächten ausgesogen und mißhandelt; es fehlt ihm an Freiheit, und die politischen Mächte begünstigen gewalttätige Übergriffe.

Was also ist mit dem „Gnadenjahr des Herrn" gemeint? Wenn man es eng deutet und als das Sabbatjahr des Buches Leviticus auffaßt, dann ist es offenbar das Jahr, in dem die Unausgewogenheiten, die sich in den vorhergehenden 49 Jahren nach und nach eingeschlichen hatten, wieder ausgeglichen werden und jeder wieder in den Besitz seines Erblandes kommt und die Sklaven befreit werden. Doch hier ist zu bemerken, daß schon Jesaja, wenn er von einem „Gnadenjahr des Herrn" sprach, an den Herrn dachte, der Israel aus seiner Knechtschaft befreien werde. Es handelt sich also nicht um die Ankündigung eines Jubeljahres, sondern um eine Anspielung darauf, um sinnbildlich zu sagen: „Gott wird wieder Verhältnisse schaffen, in denen sich sein Erbarmen, seine Gnade darin zeigen werden, daß er euch wieder in die frühere Lage versetzt." Wir müssen also bei diesen Worten dem ganzen biblischen Zusammenhang Rechnung tragen, der dahinter liegt.

Auf alle Fälle bleibt das Problem: Welche Art von Befreiung kündet Jesus an? Dies ist kein leicht zu lösendes Problem. Es ist für uns sehr wichtig, da es unsere Verantwortung gegenüber der Kirche und sämtlichen kirchlichen Dokumenten betrifft, vor allem die Verlautbarungen der neueren Päpste über die sozialen, wirtschaftlichen, politischen Fragen, über die Entwicklung und die Befreiung. Wir dürfen also von diesen Fragen nicht absehen, auch nicht in unserem Gebet. Nur suchen wir im Gebet nicht sosehr eine objektive Lösung bloß exegetischer Probleme, sondern eine Offenbarung von innen her, indem wir zu Gott sagen: „Herr, laß uns erkennen, was du heute von uns willst; mach, daß wir ohne Vorurteile, ohne schon im voraus festgelegte Ablehnung oder Begeisterung uns deinem Wort und der Welt von heute, den Menschen von heute stellen und auf das hören, was du zu uns sagst. Und laß uns auch alle die Stimmen hören, die nach uns rufen!"

3. Der Weg des Jüngers nach Lukas

Eine Betrachtung über den Weg des Jüngers nach Lukas, der wir uns nun widmen wollen, kann uns behilflich sein, sein ganzes Evangelium besser zu verstehen.

Ein Gedanke ist gleich jetzt zu äußern: Die hier angeführten Worte des Jesaja sind vom Leben Jesu her zu verstehen, und nicht umgekehrt. Wir dürfen diese Worte nicht dem Buchstaben nach nehmen und beispielsweise aus dem Satz „Damit ich den Gefangenen die Entlassung verkünde" ein ganzes Programm ableiten, als ob Jesus gekommen sei, die Gefängnisse zu leeren.

Nein, wir müssen vom Leben Jesu her zu verstehen suchen, was diese Worte bedeuten, denn Lukas hat sie hierhergesetzt als trefflichen Verständnisschlüssel für das Leben Jesu, aus dem sich ergibt, was es besagen will, den Armen die gute Botschaft zu bringen, den Gefangenen die Entlassung anzukündigen, den Blinden wieder das Augenlicht zu schenken und so weiter. Im Licht des Lukasevangeliums und der Apostelgeschichte können wir den Sinn dieser Worte exegetisch recht genau bestimmen.

Wir haben Lk 7,22–23 gelesen, nämlich die Antwort Jesu an die Abgesandten des Johannes. In diesem Zeitpunkt heilte Jesus viele Menschen von Krankheiten, Gebrechen, bösen Geistern und gab vielen Blinden das Augenlicht wieder. Dies erklärt, warum Lukas sich auf diese Jesajastelle bezieht. Jesus antwortet den Abgesandten: „Geht und berichtet ...: Blinde sehen wieder, Lahme gehen und Aussätzige werden rein; Taube hören, Tote stehen auf, und den Armen wird das Evangelium verkündet."

In diesem Zusammenhang also, daß Jesus Werke des Erbarmens wirkt, ist der Abschnitt zu verstehen, von Jesus her, der dem menschlichen Elend entgegengeht und für jeden, der im Elend und in Armut ist, an etwas leidet und die Hoffnung aufgegeben hat, Taten des Erbarmens wirkt.

Wir haben auch schon nachgedacht über ein anderes deutendes Wort, nämlich Lk 5,31: „Nicht die Gesunden brauchen den Arzt, sondern die Kranken." Auch dies ist ein programmatisches Wort Jesu, das uns darauf hinweist, daß die Blinden, die Gefangenen usw. als hoffnungslose Menschen zu verstehen sind, die sich verlassen fühlen und sich aus ihrer Lage nicht zu befreien wissen.

Ein weiterer Text, diesmal ein Wort des Lukas, Apg 10,38, kann ebenfalls dazu dienen, über den Sinn dieser prophetischen Verheißung nachzudenken: „Dieser zog umher, tat Gutes und heilte alle, die in der Gewalt des Teufels waren, denn Gott war mit ihm." Also nimmt sich Jesus der Armen und Leidenden, der Blinden und der Sünder an.

Auch Lk 15, 1: „Alle Zöllner und Sünder kamen zu ihm, um ihn zu hören" bildet eine Erklärung für dieses programmatische Wort wie dann auch die Aussage, die Paulus in seiner letzten Ansprache (Apg 26, 22–23 und auch 26, 18) über sich selbst macht. Er, der in seiner Apostolatsarbeit sich ganz nach Jesus auszurichten suchte, nennt als sein Programm: „Ich sage nichts anderes als das, was nach dem Wort der Propheten und des Mose geschehen soll: daß der Christus leiden müsse und daß er, als erster von den Toten auferstanden, dem Volk und den Heiden ein Licht verkünden werde" (Apg 26, 22–23). Daß Paulus den Blinden Licht verheißt, entspricht offensichtlich dieser Prophetie. Und auch in Apg 26, 17–18 wird gesagt: „Ich ... sende dich, um ihnen die Augen zu öffnen. Denn sie sollen sich von der Finsternis zum Licht und von der Macht des Satans zu Gott bekehren und sollen durch den Glauben an mich die Vergebung der Sünden erlangen und mit den Geheiligten am Erbe teilhaben."

Wenn wir alle diese Texte zusammenstellen, erhalten wir eine Idee von der Tiefe und Weite der Sendung Jesu, die sich nicht auf einen besonderen Aspekt beschränkt, sondern sich sogar auf die Sündenvergebung erstreckt. Wie schon gesagt, ist „Befreiung" das programmatische Wort des Lukas. Lukas sieht die Vergebung der Sünden als die endgültige Befreiung an und läßt deshalb Jesus, als dieser seine Sendung endgültig bestimmt, allen Völkern die Sündenvergebung und die Geistsendung ansagen (Lk 24, 47–49).

Wenn man den Sinn dieser Stelle exegetisch erschöpfend darlegen will, wird man sie, weil es sich um einen rätselhaften prophetischen Text handelt, aus dem ganzen Leben Jesu sowie aus seinem apostolischen Programm heraus verstehen und verdeutlichen müssen.

Ich möchte noch etwas dazu sagen, was mit „den Armen eine gute Nachricht bringen" gemeint sein mag. Auch dies erscheint mir als rätselhaftes programmatisches Wort, das vor allem von seiner Erfüllung her zu verstehen ist, wie sie sich in Lk 6,20 findet: „Selig, ihr Armen ... Selig, die ihr jetzt weint". Auch diese Worte sind exegetisch nicht leicht auszulegen. Ich möchte dazu nur sagen, daß alle diese Begriffe – Arme, Hungernde, Verhaßte, Verstoßene – zusammenzuhängen scheinen. Daraus ergibt sich als die typischste Gestalt die des Jüngers, der zurückgewiesen wird und der, weil er das Schicksal des Gotteswortes auf sich genommen hat, um des Wortes willen weint und von den Menschen verlassen und verstoßen wird.

Dies also ist die typische Gestalt, der das Gegenteil entgegengestellt wird: „Weh euch, wenn euch alle Menschen loben ..." (Lk 6,26).

Wenn diese Worte uns nach einer Erklärung verlangen lassen, wie sollten sie dann nicht auch in der Synagoge von Nazaret eine Erwartung wecken: „Was geht vor sich? Was sagt er? Was bringt er uns Neues? Wovon spricht er?"

Darum steht Jesus im Zentrum der Aufmerksamkeit („Was wird er uns über diesen Text sagen?") und der Neugierde („Was wird aus diesem Jungen werden?"). Stellen wir uns vor, wir selbst würden uns in dieser Lage befinden, voller Furcht, zu enttäuschen („Wenn ich hier scheitere, wird dieses Fiasco breitgeschlagen werden und vielleicht alles schiefgehen"), und darum von beklemmender Angst ergriffen. In einer solchen Situation stiege in uns natürlich die Frage auf: Wie soll ich vor diesem mißtrauischen Publikum auftreten? Und vielleicht würde sich in uns der Wunsch regen, unsere Rede etwas aufzuweichen, um nicht allzustark anzuekken. Man könnte den Mitbürgern belobigend sagen, wie fromm, wie gläubig sie seien, um sie sich gewogen zu machen und ihnen Beifall zu entlocken, so daß man dann am Schluß voller Genugtuung sich die Hände reiben könnte: „Es ist gut gegangen." Wenn ich mich im Geist in diese Situation versetze, kommt sie mir sehr bekannt vor, besonders jedesmal dann, wenn ich vor einem neuen Publikum stehe. Jeder Priester kann diese Situation nachfühlen, denn wir stehen im Zentrum der Aufmerksamkeit, werden beobachtet und bestimmt von den Leuten um uns herum, die von uns gewisse Dinge, gewisse Worte erwarten. Sie möchten in Sicherheit gewiegt und in Schutz genommen sein. Und wir stehen da und machen uns Sorge, wir könnten allzusehr Mißfallen erregen. Bitten wir also den Herrn, er möge uns helfen, uns zu läutern und wie er den Mut zu haben, ohne Menschenfurcht aufzutreten.

Was sagt Jesus? Er sagt noch recht rätselhaft: „Heute hat sich das Schriftwort ... erfüllt." Die Zeit des gläubigen Harrens ist irgendwie zu Ende: Ihr habt so lange Zeit gehofft, erwartet, und nun ist das, was ihr erwartet habt, da.

Ein solches Wort ist geeignet, die Begeisterung eines Volkes zu wecken, das, wie das Volk Israel, in gläubiger Erwartung lebte. Gott hält sich an seine Verheißungen. Doch das Wort ist noch rätselhaft, denn Jesus sagt nicht, daß er der Messias ist, und es tritt noch nicht ganz klar hervor, wie das dann im Gespräch mit den Emmausjüngern der Fall sein wird, daß in ihm die Schrift in Erfüllung geht. Deshalb fragen die Leute: „Was ist hier los?"

Jesus spielt hier mehr auf das Reich Gottes an, das im

Aufbau begriffen ist, und nur indirekt auf sich selbst. Doch Lukas wollte nicht mehr sagen, sondern bloß Jesus ankündigen lassen, daß nun die Stunde des Heils, der Moment gekommen ist, in der er für die Armen, für die im Stich Gelassenen, für das verlassene und unterdrückte Israel eintritt, zu dem all die gehören, die sich außerhalb des Machtkreises fühlen.

Wir stehen hier bei der Interpretation des Textes vor einer Schwierigkeit. Es heißt darin: „Alle gaben ihm Zeugnis" (Lk 4,22). Ein gutes oder ein schlechtes? Wie es scheint, ein gutes, denn sie anerkannten, daß er, der unter ihnen aufgewachsen war, nun so trefflich sprach; sie waren „darüber verwundert, wie begnadet er redete". Auf den ersten Blick scheint dies ein Kompliment zu sein, aber der Sinn des Satzes ist schwer zu ergründen. Nach Meinung einzelner Exegeten wunderten sie sich darüber, daß Jesus nicht von Rache gegenüber den Feinden sprach (der letzte Teil des Jesajatextes, der von Rache spricht, wird weggelassen), sondern bloß von Erbarmen statt von einer Bestrafung der Römer, der Feinde, der Bösen. Dieser Interpretation zufolge beginnt hier der Widerstand: „Wir erwarteten doch von einem Mann wie diesem eine entscheidende Tat, und nun redet er von Vergebung und Verzeihung."

Auf alle Fälle schlägt in einem gewissen Moment die Stimmung um: „Ist das nicht der Sohn Josefs?" Allmählich kommt Skepsis und Mißtrauen auf: „Er redet meisterlich, doch wer ist er denn im Grunde? Was hat er geleistet? Man sagt so vieles von ihm; nun lasse er es sehen!" Man fragt sich mißtrauisch und enttäuscht: „Warum kümmert er sich so wenig um uns? Warum hat er, wenn er doch so gut ist, uns bis jetzt im Stich gelassen und ist zu anderen gegangen? Er könnte hierbleiben und die Zierde seiner Heimatstadt sein?"

Jesus reagiert, und sein Freimut soll uns zur Belehrung dienen, denn es ist verwunderlich, daß Jesus zu einem ein wenig harten Gegenangriff übergeht, statt daß er ein erklärendes, beschwichtigendes Wort sagt. Er greift das auf, was sie in ihrem Herzen denken („Wenn du doch in Kafarnaum so große Dinge getan hast, wie wir gehört haben, dann tu sie auch hier in deiner Heimat!" – Vers 23), und scheint zu ihnen zu sagen: „Ihr wollt, daß ich als euer Mitbürger etwas für euch tue, daß ich euch Vorteile verschaffe, aber ihr sollt wissen, daß das Wort Gottes nicht dazu da ist." Er führt sogar Episoden an, wo das Gotteswort außerhalb der Heimat in Erfüllung gegangen ist: Hat Gott nicht Elija von Israel weggeschickt und einer nichtisraelitischen Witwe Nahrung verschafft? Und hat nicht Elischa einen Mann, der nicht aus Israel stammte, geheilt? Also kennt das Gotteswort keine Grenzen und darf nicht von jemandem ausgenützt werden.

So könnte man wohl die harten Worte Jesu weiter ausführen. Sicherlich ist seine Geistesfreiheit zu bewundern. Das Gotteswort ist frei und für alle da; niemand darf es binden oder biegen; niemand darf verlangen, daß es ihm so oder so ausgerichtet werde, niemand darf von ihm diesen oder jenen Vorteil erwarten. Es ist das Wort für alle, und falls notwendig durchbricht es die Grenzen, um alle zu erreichen. Deswegen gefällt das Gotteswort nicht immer; es ist nicht für den Beifall gemacht, sondern kann in Verlegenheit bringen. Das ist es, was Lukas uns vom Leben Jesu gleich im vorweg zu verstehen geben will.

4. Ein Wort mit ungewissem Schicksal

Hinter dieser so geheimnisvollen Episode, auf der der Schatten des Kreuzes liegt, steht eine schmerzliche Problematik. Jesus wird von Bitternis erfüllt, und die Leute geraten in Zorn und Wut. Jesus verspürt, wie man ihn ergreift, ihn packt – welche Verdemütigung für die Freunde, für die Mutter! Es ist eine widerliche Szene, und man will ihn sogar töten. Jesus hat einen sehr schlechten Abgang, und wir können uns denken, wie die Verwandten reagiert haben: „Er hat Schimpf und Schande über uns gebracht. Wir wollen nichts mehr von ihm wissen; er hat der Familie Unehre gemacht." All dies ist schwer zu akzeptieren, und doch beginnt Lukas zufolge das Wirken Jesu auf diese Weise.

Das Gnadenwort ist auf schlechten Boden gefallen und zurückgewiesen worden. Wir können uns im Gebet dem gedemütigten und zurückgewiesenen Jesus beigesellen und zu ihm sagen: „Herr, was willst du uns damit zu verstehen geben? Gewiß nichts Pessimistisches (z. B. daß unsere Predigt stets zurückgewiesen werde) und auch nichts Masochistisches (Wir seien keine wahren Prediger, wenn uns die Leute nicht zuweilen zurückwiesen), sondern etwas viel Tieferes: Das Gotteswort, das du uns anvertraut hast, ist ein Wort, das uns ein ungewisses Schicksal bringt. Gott sei Dank kann der Fall eintreten, daß es angenommen wird, man kann es aber auch zurückweisen. Wir müssen also bereit sein, Herr, dir nicht nur in die Freude, sondern auch in Ungemach und Leiden zu folgen.

Wir dürfen nicht dem Pessimismus verfallen. Wie die Apostelgeschichte zeigt, ist die Verkündigung in Freude, mit Macht und Begeisterung erfolgt, sie hat Glück, Zuversicht und Frieden verbreitet. Und doch

müssen wir bei der Verkündigung uns Gott anvertrauen und mit allen Möglichkeiten rechnen. Wir vertrauen uns ihm an, nicht um gehätschelt zu werden,
sondern um da, wo wir persönlich haften müssen, vom
Sturm geschüttelt zu werden. Damit wird unser Inneres
von Grund auf frei, so daß wir das Gotteswort redlich
verkünden können. Darin, daß wir uns Gott anvertrauen, nehmen wir das Schicksal Jesu auf uns.

Bitten wir den Herrn um sein Licht:

Herr, du weißt, wie sehr wir – bewußt oder unbewußt – wünschen, daß unser Wort Erfolg hat, daß es
anspricht, daß man es aufnimmt und schätzt.

Herr, auch du hast dies gewünscht, auch du wolltest,
daß das, was du sagtest, ankomme. Laß uns aber in dein
Inneres eintreten und sehen, daß dein Wort nicht auf
Beifall ausgeht, sondern vor allem Wort Gottes, d. h.
Wort der Wahrheit, der Gerechtigkeit, des Heils ist,
Wort, das seine Kraft in sich selbst trägt und nicht da-
von erhält, daß man es aufnimmt.

Mach, daß wir uns an dein Beispiel halten und uns
mit dir vereinen, Herr. Laß uns mit dir mutig Schwierigkeiten auf uns nehmen, um zur Herrlichkeit zu gelangen. Hilf uns, daß wir dein Wort freimütig verkünden.

Laß nicht zu, daß Menschenfurcht und Angst uns
unfähig machen, die Wahrheit zu sagen. Mache uns immer freier um der Ehre deines Namens willen.

Neunte Meditation

Jesus als Erzieher und Bildner

In den „Geistlichen Übungen" werden u. a. folgende Anregungen gemacht: „Es ist sehr förderlich, zuweilen in den Büchern der Nachfolge Christi oder in den Evangelien und den Leben der Heiligen zu lesen" (Nr. 100); „Sofort beim Erwachen mir die Betrachtung vergegenwärtigen, die ich zu machen habe, wobei ich wünsche, das menschgewordene Ewige Wort je mehr zu erkennen, um Ihm je mehr zu dienen und nachzufolgen"; „Häufig das Leben und die Geheimnisse Christi unseres Herrn ins Gedächtnis rufen, angefangen von Seiner Menschwerdung bis zu der Stelle oder dem Geheimnis, das ich gerade betrachte" (Nr. 130).

Im Anschluß an diese Weisungen des Ignatius empfehle ich, das Lukasevangelium einmal ganz durchzulesen und durchzubetrachten und in Parallele dazu die Apostelgeschichte mit dem Entwicklungsprozeß der Urgemeinde. In der folgenden Meditation möchte ich deshalb einige Hinweise zu einer solchen Gesamtbetrachtung desjenigen Teils des Lukasevangeliums geben, der sich mit dem öffentlichen Leben Jesu befaßt. Selbstverständlich ist diese Zusammenfassung stark auf unsere Situation abgestimmt. Ich lege also nicht eine exegetische Übersicht über das Lukasevangelium vor, wie sie in jedem Einführungswerk zu finden ist, sondern eine Anleitung, wie wir dieses Evangelium unter besonderer

Berücksichtigung der uns betreffenden Elemente lesen können. Man könnte das Folgende als Antwort auf die Frage verstehen: Wie geht nach dem Lukasevangelium die Heranbildung des Jüngers zur Nachfolge Christi vor sich?

Auf diese Frage lege ich zwei Antworten vor. Sie entsprechen zwei Teilen des Lukasevangeliums, die sich wie folgt abgrenzen lassen:

– die Heranbildung zum christlichen Menschen (Lk 5–9);

– die Heranbildung zum Jünger (Lk 9–18).

Wir möchten uns vor allem mit dem zweiten Teil befassen, mit dem Ziel der Großen Reise, denn hier leiten die Geschehnisse zur Passion über.

1. Die Heranbildung zum christlichen Menschen
(Lk 5–9)

Nach Kapitel 4, dessen zwei Hauptepisoden – die Versuchungen und die Predigt Jesu zu Nazaret – wir betrachtet haben, erzählt Lukas eine Reihe von Wundern: die Heilung eines Aussätzigen, eines Gelähmten, des Mannes mit der verdorrten Hand, des Dieners des Hauptmanns von Kafarnaum, die Auferweckung eines jungen Mannes in Naïn, die Stillung des Sturms auf dem See, die Heilung des Besessenen von Gerasa, der Frau mit Blutungen, die Auferweckung der Tochter des Jaïrus, die Brotvermehrung, die Heilung des Fallsüchtigen. Es handelt sich um elf außerordentliche Taten, und wenn wir als abschließendes wunderbares Ereignis die Verklärung Jesu hinzunehmen, sind es im ganzen zwölf Erweise der Macht Jesu, die in Kapitel 9, wo man schon auf den zweiten Teil des Evangeliums zugeht, auf die Jünger übertragen wird. Diese Reihe von wunderbaren Machttaten zeigt, wie man sich auf Jesus verlassen kann.

Es finden sich auch belehrende, polemische und messianische Worte, vor allem in Kapitel 6. Darin wird zur Liebe, zum Verzeihen, zum Erbarmen ermahnt, zur praktischen, mutigen Verwirklichung dessen, was Jesus gelehrt hat. Denn die Anwendung der Lehre soll die Frucht von allem sein. Daran wird in Kapitel 9 im Gleichnis vom Sämann von neuem erinnert. Der Same bringt dann Frucht, wenn er auf einen aufnahmebereiten Boden fällt; wird er aber nicht aufgenommen, bleibt er ohne Frucht.

Zu diesen konstruktiven Belehrungen tritt Polemik. Jesus rügt den Mangel an Glauben und tadelt scharf die unmenschliche Religiosität der Pharisäer, die sich gegen das richtige Verständnis des Gesetzes, gegen die Erkenntnis des Willens Gottes verschließen.

In Kapitel 6 finden sich messianische Worte, die man als umstürzend bezeichnen könnte, vor allem die Seligpreisungen und die Wehrufe: „Selig, ihr Armen!... Weh euch, ihr Reichen!" Diese Worte proklamieren die messianische Sendung Jesu, welcher der Weissagung des Jesaja (61, 1–2) entsprechend den Armen eine frohe Botschaft bringt. Andererseits zeigen sie die neue Reihe von Werten. Diese führen einen Umsturz herbei, der noch nicht in allen seinen Teilen geklärt ist, aber in den erbarmenden Machttaten Jesu angekündigt wird (gemäß der Weissagung des Jesaja ist Jesus gekommen, um den Blinden das Augenlicht zu geben, den Gefangenen die Befreiung zu verschaffen usw.). Jesus stellt ein neues Wertsystem auf und wendet sich gegen solche, die nicht im Glauben nach ihm suchen oder sich in einer engherzigen Religiosität die Möglichkeit verbauen, den Willen Gottes zu erkennen.

Somit können wir auf die Frage, wie Lukas zufolge die Heranbildung zur Nachfolge Jesu vor sich geht, antworten, daß es sich um eine dreifache Erziehungsarbeit handelt:

1. Erziehung des Herzens, also die Erziehung zu Herzlichkeit, Güte, Vertrauen, Glauben. Wer Jesus nachfolgt und ihn in dem, was er tut, nachzuahmen sucht, gleicht sich den Gesinnungen seines Herzens an: seiner Güte, seinem Mitleid mit jedem Leidenden.

2. Erziehung zum Vertrauen auf die Sendung Jesu als Messias („Dein Vertrauen hat dir Heil gebracht"), Erziehung zum Vertrauen auf ihn.

3. Erziehung zum Glauben. Bei dieser ganzen Liebestätigkeit richtet sich die Hoffnung auf Jesus.

Jesus erzieht den Jünger und den Leser des Evangeliums dazu, auf die Grundfragen des Menschen zu achten, in denen das Problem der Sünde zutage tritt („Deine Sünden sind dir vergeben"; „Für die Sünder, nicht für die Gerechten bin ich gekommen"; „Die Kranken, nicht die Gesunden brauchen den Arzt"). Nach und nach zeichnet sich das ab, was ich den christlichen Menschen genannt habe. Wir befinden uns noch nicht in einem ausgesprochenen Umsturz der Werte, vielmehr sucht Jesus die Haltungen anzuerziehen, die zur ersten Kursänderung des Menschen in Richtung auf den christlichen Menschen führen.

Aus diesem Grund ist der erste Teil des Evangeliums besonders schön, besonders einfach, besonders ansprechend. Er ist auch in den Predigten am leichtesten vorzulegen, denn Jesus verkörpert und verkündet hier viele menschliche und somit ganz eingängliche Werte: Erbarmen, Güte, Mitleid, Offenheit, Brüderlichkeit, Vertrauen. Diese Erziehung ist für den christlichen Menschen sehr vonnöten. Er muß sich auf diesen Weg einlassen, der nicht der Weg des Heiden, des Stoikers, des harten, verschlossenen Menschen ist, der die anderen verachtet. Hier verhält sich alles ganz anders, hat das Herz eine ganz andere Gesinnung: Güte, Erbarmen und zwar stets in einem Blick des Glaubens auf das, wie es sich mit dem Menschen und seinem Übel zutiefst verhält. Jesus nimmt diese menschlichen Werte, die allen eingänglich sind, und richtet sie, wenn auch noch sehr zurückhaltend, gegen die Wurzel der Übel: Besitz, Ichsucht, Sünde. Jesus verlangt hier noch nicht irgendeinen Verzicht, betont noch nicht das Kreuz. Wir stehen erst in einer Periode der Akklimatisierung. Wichtig ist, daß man sich ihm anvertraut, der so mächtig ist, den Menschen so sehr liebt, alle unsere Bedürfnisse von Grund auf versteht, so wie er die Witwe von Naïn versteht, die nichts sagt, sondern bloß weint, und die Sünderin und den Gelähmten, der vor ihn hingetragen wird und seine Gefühle nicht zu äußern weiß.

2. Die Heranbildung zum Jünger (Lk 9–18)

In diesem Teil geht es spezifischer um die Heranbildung zum Jünger, der, nachdem er die erste Einführung mutvoll bestanden hat, den entscheidenden Schritt vollzieht und Jesus auf seiner Reise nach Jerusalem begleitet. Einer der Wendepunkte des Lukasevangeliums ist 9, 51: Als ob er von der Vergangenheit Abstand nehmen wollte, entschließt sich Jesus mutig, nach Jerusalem zu gehen: „Als die Zeit herankam, in der er hinweggenommen werden sollte (es ist das erste Mal seit der Szene von Nazaret, daß Lukas eine so harte Sprache spricht), entschloß sich Jesus, nach Jerusalem zu gehen (der griechische Text lautet wörtlich: „Er richtete sein Angesicht fest darauf, nach Jerusalem zu gehen"). Und er schickte Boten vor sich her."

Welches sind die Eigenheiten dieses zweiten Teils? Es finden sich darin weniger Wunder, aber doch noch einige, denken wir z. B. an die Austreibung eines stummen Dämons, an die Heilung der Frau mit dem verkrümmten Rücken, die Heilung des Wassersüchtigen, der zehn Aussätzigen, des Blinden von Jericho. Dabei wird jedoch nicht das Erbarmen Jesu hervorgehoben. Einige dieser Wunder sind mit Reden verknüpft, die den Hauptteil des Wunderberichts ausmachen und – wenigstens anscheinend – nicht sehr geordnet sind. Von Bedeutung ist dies, daß es die härtesten, unerbittlichsten Worte sind, die Jesus im Lukasevangelium spricht. Wenn wir diesen zweiten Teil lesen, entsteht in uns eine gewisse Angst. Es sind atemraubende Worte; scharf wie ein Diamant, können sie ritzen und verwunden.

Eine weitere Eigenart dieses zweiten Teils besteht darin, daß den Jüngern, den künftigen Verkündigern des Evangeliums, den Zwölf besondere Aufmerksamkeit gewidmet wird. Doch an einem bestimmten Punkt werden auch die zweiundsiebzig Jünger mithineinbezogen, so daß dieser Teil irgendwie zwischen den Jüngern und der Menge hin und her pendelt, woraus sich eine gewisse Interpretationsschwierigkeit ergibt. Jesus spricht zu der Menge, wendet sich dann den Jüngern zu und nachher wiederum dem Volk. Vielleicht hat Lukas geflissentlich manches im Ungewissen gelassen, um uns anzudeuten, daß gewisse Worte Jesu einerseits die auserlesene Gruppe, andererseits alle betreffen, wenn auch auf verschiedene Weise. Doch das Hauptinteresse scheint den Jüngern zu gelten.

Wenn wir uns nun fragen, wie die Heranbildung

zum Jünger vor sich ging und was Jesus dabei besonders betonte, können wir uns an einige Punkte halten, die ich in folgendes Schema fassen würde:

1. Erziehung zur Loslösung und zur Freiheit. Jesus besteht immer und immer wieder auf der Losgelöstheit von allem und auf der Herzensfreiheit; der Ausdruck „Alles lassen" wird mehrmals wiederholt.

2. Erziehung zur Hingabe an den Vater;

3. Erziehung zum Verständnis des Kreuzes.

Die Rede nimmt hier einen gehobeneren Ton an, wird schwieriger und auch feinsinniger, so daß sie mißverstanden werden kann. Es sind Themen, die viel Aufmerksamkeit, Mut, Demut, Selbstlosigkeit verlangen. Doch möchte ich bemerken, daß es sich dabei nicht um eine ideologische Erziehung handelt, wo Programme und Grundsätze vorgelegt und logische Folgerungen gezogen werden, sondern diese Erziehung ist lebensnahe. Die Lehren und das Leben Jesu sind miteinander verwoben, und die Apostelgeschichte verbindet beides, Tun und Lehren; sie will berichten über das, „was Jesus getan und gelehrt hat" (1, 1).

Daraus können wir bereits einen Hinweis ableiten: Man lernt das Evangelium durch eine affektive Gleichgestimmtheit. Ignatius (Geistliche Übungen, Nr. 104) läßt uns denn auch um die Gnade bitten, den Herrn zu erkennen, um ihn zu lieben und ihm nachzufolgen. Man nimmt den Geist des Evangeliums dadurch in sich auf, daß man mit Menschen zusammenlebt, die es in die Tat umsetzen, also auf dem Weg über die lebendige Tradition, in der Gesellschaft Jesu, im Ordensleben, im christlichen Leben, in der christlichen Familie. Man lernt die Werte des Evangeliums nicht sosehr dadurch kennen, daß man von ihnen spricht, denn beim Reden sieht man oft ein wenig vom Leben ab und schwebt in

Gefahr, die Werte für logische Prinzipien zu nehmen, aus denen man dann manchmal lächerliche oder übertriebene Folgerungen zieht. Darin, daß sie Leben sind, liegt die ganze Schwierigkeit und der ganze Vorzug des Glaubens und des Evangeliums gegenüber den Ideologien, auch gegenüber den richtigen, gesunden, die in ihrer Struktur irgendwie Prinzipien, Deutungsschlüssel darstellen, aus denen man logische Schlüsse über die Wirklichkeit ableiten kann.

Wir empfinden dann und wann Verlangen danach, denn es gefiele uns, klare, logische Folgerungen ziehen zu können, ohne daß wir uns selbst engagieren müßten. Doch wenn es sich um das Evangelium handelt, ist dies unmöglich. Man kann nicht den Geist des Evangeliums haben und die Dinge vom Evangelium her beurteilen, ohne daß man sich für das Evangelium einsetzt und aufs Spiel setzt, ohne daß man zusammen mit anderen danach handelt. Das Evangelium leben heißt sich aufs Spiel setzen. Sicherlich haben manche Zuhörer das, was Jesus sagte, nicht verstanden und darüber den Kopf geschüttelt: „Was will er denn eigentlich?" Nur die, die ihm nahe waren, ihm folgten und sich in seine Prüfungen, Versuchungen, Gefahren mithineinziehen ließen, erfaßten diesen Geist. Dies erklärt auch, weshalb sich die Reaktionen Jesu und der Heiligen nicht voraussehen und sich oft nicht von Prinzipien ableiten lassen. Wir sehen Jesus oft sich ganz anders verhalten als andere, und auch das Leben der Heiligen hat häufig etwas von diesem Unvorhersehbaren, von diesen Handlungsweisen an sich, die eben nicht logische Ableitungen, sondern in Leben umgesetztes Evangelium sind, und dieses ist „Geist und Leben".

Deswegen müssen wir den Herrn um die Gnade bitten, daß schon unser Gebet eine mystische, doch reale Beteiligung am Leben Jesu ist, daß schon unser Gebet darin besteht, daß wir in Jesus hineingezogen werden und uns in ihn verlieren. Ich möchte an dieser Stelle der Exerzitien auch einladen, uns zu fragen: „Wie steht es gegenwärtig um mein Gebet? Bete ich im Glauben mit seinen Ungewißheiten, seinen Härten, seiner Trokkenheit? Bejahe ich das Gebet oder wehre ich mich dagegen?"

Das Markusevangelium (Kapitel 8) läuft dem Abschnitt des Lukasevangeliums, den wir vor uns haben, parallel, besser gesagt, Lukas (Kapitel 9) schöpft ständig direkt aus Markus. Darum gilt mehr oder weniger, daß beide die gleiche Absicht verfolgen und das gleiche betonen. Wir stehen eben am Wendepunkt des Lebens Jesu. Nach dem Wunder der Brotvermehrung, von dem Lukas an dieser Stelle berichtet, geht er direkt zum Glaubensbekenntnis des Petrus über, auf das hin von der Passion die Rede ist und die harten Worte vom „Alles-Verlassen" folgen.

3. Mithineingezogen in das Wort

Wenden wir uns noch kurz dem dritten Gottesknechtlied in Jesaja 50 zu und fragen uns, wie dieses Lied auf uns in unserer Situation trifft. Es weist eine besondere Thematik auf. Das Lied spricht von einem geheimnisvollen Hörer auf das Wort, von einem gefügigen, verstoßenen und doch entschiedenen, mutigen und vertrauensvollen Hörer. Die Gestalt, die uns hier gezeichnet wird, bleibt rätselhaft. Vielleicht bezieht sie sich am ehesten auf Jeremia als den demütigen, gefügigen, zurückgewiesenen, entschiedenen und vertrauensvollen Hörer auf das Gotteswort. Man kann sich dieses Bild um ihn herum denken, um es genauer zu bestimmen, doch bleibt es stets ein wenig vage.

Aufschlußreicher ist es, wie die Evangelisten über diesen Abschnitt gründlich nachgedacht haben. Die Urgemeinde hat in die Worte dieses Liedes hineingehorcht. Ihm haben die Evangelisten die griechischen Worte entnommen, mit denen sie die Passion Jesu schildern: „Ich hielt meinen Rücken denen hin, die mich schlugen ... Mein Gesicht verbarg ich nicht vor Schmähungen und Speichel" (Jes 50,6; vgl. Mt 26,67 bis 27,30).

Man macht also einen direkten Sprung von Jesaja zum Neuen Testament, einen Sprung, zu dem anfänglich nicht einmal die Apostel imstande waren (Mk 9,31 ff). Die Urgemeinde aber hat sich in diese Worte eingefühlt, über sie nachgedacht, in Klage über den Tod und in Freude über die Auferstehung des Herrn. Durch diese Erfahrung ist sie befähigt worden, dieses Lied im Lichte Christi zu verstehen.

Einen weiteren Zusammenhang mit dem Neuen Testament können wir beim Lesen dieses Liedes aus dem Ausdruck heraushören: „Ich mache mein Gesicht hart wie einen Kiesel" (Jes 50,7). Ich habe den Eindruck, daß Lukas an diese Stelle gedacht hat, als er in 9,51 sagte, Jesus habe sein Gesicht fest („hart") darauf gerichtet, nach Jerusalem zu gehen. Er bedient sich zwar nicht derselben griechischen Worte, doch der Gedanke ist der gleiche. Um Jesus zu verstehen, haben also die Evangelisten sicherlich über diese Stelle nachgedacht. Einen weiteren Hinweis gibt uns Vers 4 der Jesajastelle, wo es heißt: „Gott, der Herr, gab mir die Zunge eines Eingeweihten, damit ich verstehe, die Mutlosen zu stärken durch ein aufmunterndes Wort. Jeden Morgen weckt er mein Ohr, damit ich auf ihn höre wie ein Eingeweihter." Ferner Vers 5: „Gott, der Herr, hat mir das Ohr geöffnet. Ich aber wehrte mich nicht." Halten wir uns auch diese Stelle vor Augen, denn sie dünkt mich für uns, zumal für unsere jetzige Situation, sehr wichtig. Überdies nimmt das Neue Testament auf sie bezug in Joh 3, 11, wo Jesus sagt: „Was wir wissen, davon reden wir, und was wir gesehen haben, das bezeugen wir ..."

Beziehen wir dies gleich auf unsere jetzige Situation. Was tun wir gegenwärtig? Wir suchen zu horchen, hineinzuhorchen, um eingeweiht zu werden. Eingeweiht in was? In die Mysterien, die Petrus nicht erfaßt hat, in das Mysterium des Todes Jesu, des zurückgewiesenen und verherrlichten Wortes. Diese unsere Initiative, dieses unser Bemühen, auf das Wort zu lauschen, um als Eingeweihte sprechen zu können, wird es uns ermöglichen, das zu tun, was wir so sehnlich wünschen, nämlich den Mutlosen durch ein treffendes Wort aufzumuntern. Bitten wir also den Herrn um die Gnade, gespannt auf ihn zu hören, um sein Geheimnis zu erfassen und mutig sprechen zu können.

Wie oft schon haben wir uns nach einem Gespräch mit jemandem gefragt: „Habe ich es wirklich verstanden, Mut einzuflößen, wieder zum Aufatmen zu bringen?" Dies ist die Gnade, die wir ersehnen und um die wir bitten. Doch auf welchem Weg erhalten wir diese Gnade? Dadurch, daß wir zu gefügigen Hörern werden. Dies dünkt uns leicht. Man kann leichthin erklären: „Der Herr hat mir das Ohr geöffnet (er ist es, der uns aufnahmebereit macht!). Ich aber wehrte mich nicht und wich nicht zurück." So weit erscheint alles in Ordnung. Doch plötzlich wird die Szene konkret. Dieses Nicht-Zurückweichen heißt auch, nicht vor den Widersprüchen zurückschrecken, die das Wort erleidet: „Den Rücken denen hinhalten, die mich schlagen", „die

Wangen denen, die mir den Bart ausreißen", „mein Gesicht nicht vor Schmähungen und Angeiferungen schützen".

Wir können uns hier an die dritte Weise der Demut bei Ignatius (Nr. 167) erinnern und sie von hierher besser zu verstehen suchen. Sie besteht nicht darin, daß man vage nach Verdemütigungen sucht, sondern in einem Verdemütigtwerden, weil wir uns für das Wort Christi entschieden haben, weil wir Apostel Christi sind und deshalb uns in sein Los fügen. Es handelt sich also um eine apostolische Demut, die wir auf uns nehmen, weil wir wissen, daß dies das Schicksal des Gotteswortes ist. Wir machen uns mit dem Wort sosehr solidarisch, daß wir auch das Schicksal auf uns nehmen, das Christus als erster auf sich genommen hat. Erst, wenn wir zu diesem Entschluß gelangt sind, können wir Apostel, Verkünder des Wortes sein.

Ich erinnere mich, wie Kardinal Mindszenty in seiner Autobiographie in einem ganz kurzen Satz sagt, was er empfunden hat, als man zum ersten Mal Hand an ihn legte und ihm den ersten Stockhieb versetzte: „In diesem Moment ist für mich eine Welt zusammengebrochen." Bis zu diesem Zeitpunkt war er der große Kardinal, der in der Öffentlichkeit kaum angegriffen, sondern verehrt, zwar kritisiert, aber in seiner Würde stets respektiert worden war. In diesem Moment hatte er verstanden, daß sein Wort ihm eine andere, ganz andere Erfahrung eingetragen hatte, die nämlich, von der er schreibt. Er berichtet uns, wie er während der Quälereien in seiner Verlassenheit betete: „Gott, der Herr, wird mir helfen; darum werde ich nicht in Schande enden. Deshalb mache ich mein Gesicht hart wie einen Kiesel; ich weiß, daß ich nicht in Schande gerate" (Jes 50,7).

In solchen Situationen braucht es einen heldenhaften Mut. Man erleidet das Schicksal des Hörers, der nun in das Wort mithineingezogen, in das dramatische Spiel Christi hineinverwickelt, zum verstoßenen Christus geworden ist und gleichzeitig einen unbändigen Mut in sich verspürt. Wir schüchternen, ängstlichen Menschen verspüren eine neue, wunderbare Widerstandskraft in uns im Glauben an einen Herrn, der allein uns Recht verschafft. Und kraft dieses Glaubens sind wir imstande, an die Welt die Herausforderung zu richten: „Wer wagt es, mit mir zu streiten?" (Jes 50, 8). Man hat vor niemandem mehr Angst, nicht, um mit seiner Furchtlosigkeit zu prahlen, sondern dies ist die Frucht eines Leidens, bei dem man seine äußerste Armseligkeit verspürt hat, die aber von der Gnade in die Hand genommen worden ist: „Seht, Gott, der Herr, wird mir helfen. Wer kann mich für schuldig erklären?" (Jes 50, 9). Und wahrscheinlich müssen wir uns auf ein ähnliches Schicksal wie das des Kardinals Mindszenty gefaßt machen. Niemand von uns weiß um die unmittelbar bevorstehende Zukunft; wie sollten wir da wissen, was die entfernte Zukunft uns bringen wird? Wir alle sind vom Herrn zu dieser Identifikation mit dem Wort berufen worden, die vom Hören zum Hineinverwickeltwerden führt und in unserem Leben das Schicksal des Gottesknechtes nachbildet.

Betrachten wir dieses verschmähte und verherrlichte Wort, das in der Eucharistie zu unserer Speise wird, und bitten wir füreinander um Mut und Kraft, denn es kann der Moment kommen, wo in und außer uns eine Welt zusammenbricht, unsere Sicherheiten ins Wanken geraten, unser Pult, an dem wir das Wort verkündeten, umstürzt und wo wir mitsamt den anderen verdemütigt und erschrocken am Boden liegen. Doch wir sind gewiß, daß in diesem Moment der Herr unsere Kraft sein wird. Nicht wir, nicht unser Wagemut, sondern seine verherrlichte Gegegenwart wird uns in diesem Moment stärken und uns Standfestigkeit geben, so daß wir vor niemandem Angst haben und das, was der Herr uns vernehmen läßt, laut in die Welt hinausschreien.

Zehnte Meditation

Jesus weint über Jerusalem

Im Vorwort zur Betrachtung über die Lebensstände sagt Ignatius: „Wir beginnen jetzt, in Verbindung mit der Betrachtung Seines Lebens, zu erforschen und zu erbitten, in welchem Leben oder Stand Seine Göttliche Majestät sich unser zu bedienen wünscht" (Geistliche Übungen, Nr. 135). Dies ist genau das, was wir jetzt tun wollen. Wir werden in einer verantwortungsbewußten Haltung ausfindig zu machen suchen, auf welche Weise wir nach dem Willen des Herrn unserem Apostolat nachleben sollen.

Wir werden dabei auf zwei Punkte achten:

1. In welchem apostolischen Kontakt stehen wir mit den anderen? Welche inneren und äußeren Haltungen werden mir von meinem Apostolat nahegelegt?

2. Welche Form muß mein Gebet annehmen, damit es in diesem Moment meiner geistlichen Reifung, meiner Hoffnungen und Prüfungen, in der Begegnung mit den anderen wirklich zu einem apostolischen Gebet wird?

In der Betrachtung über die zwei Banner läßt uns Ignatius „bitten um das, was ich begehre; und das ist hier – bitten um Erkenntnis der Betrügereien des bösen Anführers und um Hilfe, mich vor ihnen zu bewahren; sowie um Erkenntnis des wahren Lebens, das der höchste und wahre Befehlshaber zeigt, und um Gnade, Ihn nachzuahmen" (Geistliche Übungen, Nr. 139). Wie wir wissen, haben wir infolge der verschiedenen Einflüsse, Eingebungen, Anregungen, Begeisterungen, Hoffnungen, denen wir in unserer Welt ausgesetzt sind, diese Unterscheidungsgabe heute nötiger denn je.

Im Streben nach dieser Gabe wollen wir in dieser Meditation uns in das Weinen Jesu über Jerusalem (Lk 19, 41–44) einfühlen, das eng mit der Klage Jesu über Jerusalem (Lk 13, 34–35) zusammenhängt. Von diesen beiden zusammenhängenden Stellen steht die eine noch in der Mitte des öffentlichen Lebens Jesu, die andere schon am Beginn der Passion. Wie diese Wiederholung zeigt, handelt es sich um ein wichtiges Thema.

Nur Lukas spricht davon, daß Jesus über Jerusalem geweint hat und zwar unmittelbar nach seinem triumphalen Einzug in Jerusalem. Vielleicht wollte er so einen Eindruck vertiefen oder berichtigen, den dieser Triumphzug hätte hinterlassen können, und andeuten: Jesus hat sich vom Beifall des Volkes nicht berauschen oder blenden lassen; er sieht tiefer.

Als die Menge beim Hinabziehen vom Ölberg Jesus zujubelte: „Gesegnet sei der König, der kommt im Namen des Herrn! Im Himmel Friede und Herrlichkeit in der Höhe!" (fast gleichlautend wie der Engelsgesang bei seiner Geburt) „riefen ihm einige Pharisäer aus der Menge zu: Meister, bring deine Jünger zum Schweigen! Er erwiderte: Ich sage euch: Wenn *sie* schweigen, werden die Steine reden" (Lk 19, 38–39).

Also schwingt auch Jesus mit der Begeisterung der Menge mit. Doch dann fährt Lukas weiter: „Als er näher kam und die Stadt sah, weinte er über sie und sagte: Wenn doch auch du an diesem Tag erkannt hättest, was dir Frieden bringt! Jetzt aber bleibt es vor deinen Augen verborgen. Es wird eine Zeit für dich kommen, in der deine Feinde rings um dich einen Wall aufwerfen, dich einschließen und von allen Seiten bedrängen. Sie werden dich und deine Kinder zerschmettern und keinen Stein auf dem andern lassen, denn du hast die Zeit der Gnade nicht erkannt" (Lk 19, 41–44).

Lesen wir gleich auch Lk 13, 34–35: Man sagte zu Jesus: „Geh weg, verlaß dieses Gebiet, denn Herodes will dich töten!" Er antwortete ihnen: „Geht und sagt diesem Fuchs: Ich treibe Dämonen aus und heile Kranke, heute und morgen, und am dritten Tag werde ich mein Werk vollenden. Doch heute und morgen und am folgenden Tag muß ich weiterwandern; denn ein Prophet darf nirgendwo anders als in Jerusalem umkommen." Darauf folgt die Klage Jesu: „Jerusalem, Jerusalem du tötest die Propheten und steinigst die Boten, die zu dir gesandt sind. Wie oft wollte ich deine Kinder um mich sammeln, so wie eine Henne ihre Küken unter ihre Flügel nimmt; aber ihr habt nicht gewollt. Darum wird euer Haus (von Gott) verlassen. Ich sage euch: Ihr werdet mich nicht mehr sehen, bis die Zeit kommt, in der ihr ruft: Gesegnet sei er, der kommt im Namen des Herrn!"

Versetzen wir uns im Geist zu der Kapelle „Dominus flevit" am Abhang des Ölbergs, von der aus man den Tempelplatz und die ganze Stadt erblicken kann. Sammeln wir uns schweigend, wie das Ignatius wohl getan hat, der auf dem Weg zum Ölberg mehrmals auf diese Anhöhe stieg. Lassen wir uns dann auf einen Steinblock nieder, vergessen wir alles und versenken wir uns in die geheimnisvolle Szene von damals.

Jesus weint, was nach dem Lukasevangelium etwas Außergewöhnliches ist. Er weint, weint öffentlich, und bekanntlich weint ein Erwachsener nicht ohne weiteres in der Öffentlichkeit. Es kann vorkommen, daß jemand still für sich weint; daß man jedoch öffentlich weint, setzt eine heftige, unbezähmbare Rührung voraus, und Jesus ist gewiß nicht rührselig. Man braucht bloß die Worte in Lk 13, 1–5 zu lesen, die uns irgendwie bange machen: „Zu dieser Zeit kamen einige Leute zu Jesus und berichteten ihm von den Galiläern, die Pilatus beim Opfern umbringen ließ, so daß sich ihr Blut mit dem ihrer Opfertiere vermischte. Da sagte er zu ihnen: Meint ihr, daß nur diese Galiläer Sünder waren, weil das mit ihnen geschehen ist, alle anderen Galiläer aber nicht? Nein, im Gegenteil: Ihr alle werdet genauso umkommen, wenn ihr euch nicht bekehrt. Oder jene achtzehn Menschen, die beim Einsturz des Turms von Schiloach erschlagen wurden – meint ihr, daß nur sie Schuld auf sich geladen hatten, alle anderen Einwohner von Jerusalem aber nicht? Nein, im Gegenteil: Ihr alle werdet genauso umkommen, wenn ihr euch nicht bekehrt."

Jesus erweist sich hier als starke Persönlichkeit, er zeigt, daß er hart sein kann. Wenn er sich nicht zurückhalten kann, öffentlich zu weinen, so muß das Innere des Herrn von etwas ganz Außerordentlichem bewegt sein. Dieses Weinen ist ein prophetischer öffentlicher Akt, der uns an einzelne Gesten von Jeremia und Ezechiel erinnert. Doch bei Jesus ist dieses Weinen ganz untheatralisch; er ist innerlich einfach dermaßen bewegt, daß er seine Tränen nicht zurückhalten kann.

Jesus weint über die Stadt, die vor ihm liegt. Er weint nicht bloß über den Ruin der einzelnen Seelen, sondern über die Stadt als solche, über dieses lebendige, organisierte Gebilde, das eine Geschichte und ein Schicksal hat. Wir können dies nachfühlen, wenn wir uns in die Geisteshaltung der Juden von heute hineinzuversetzen suchen und uns fragen, was Jerusalem für einen Juden von heute bedeutet: die heilige Stadt, die von fern er-

sehnte Stadt, welche die Flüchtlinge unter vielen Opfern und Strapazen zu erreichen suchen; die mit Blut
eroberte Stadt, die man hält, obwohl man sich damit in
aller Welt verhaßt macht und in eine schreckliche Iso-
lierung gerät. Die Juden können sie nicht aufgeben,
auch wenn man sie dann in Ruhe ließe und die anderen
Nationen ihnen Achtung entgegenbrächten. Im Herzen
eines Juden geht beim Anblick dieser Stadt etwas Dra-
matisches, etwas Erschreckendes vor sich. Auch Jesus
fühlt dies alles, ist doch diese Stadt der Inbegriff der Geschichte Israels, der Verheißung, der Erwählung, der
Hoffnung, der messianischen Sendung für die Welt.

Hier könnten wir eine persönlichere Frage an Jesus
stellen, eine Frage, in der sich verrät, daß wir anders
denken als die jüdische Welt: „Herr, hat dich vor allem
der Gedanke an die bedrohten religiösen Werte, an die
Seelen, die zugrunde gehen, geschmerzt, oder rührte
dich auch der Gedanke an die menschlichen Werte, an
die Geschichte und Sendung dieser Stadt, an ihr
organisiertes Gebilde, an ihren Volkscharakter zu
Tränen?"

Für Juden ist es schwer, zwischen beidem zu unterscheiden, und auch Jesus macht keinen Unterschied
zwischen dem Schicksal des einzelnen Menschen und
dem Schicksal der Gruppe; für ihn hängt beides eng zusammen.

Gewiß hat für den Herrn jeder einzelne Mensch absoluten Wert (wie wir sahen, geht er schon einem einzigen nach). Doch der Herr hat auch das Volk geschaffen
und rettet innerhalb des Volkes. Deshalb sucht er nach
dem verlorenen Schaf, um es zur Herde zurückzubrin-
gen, denn für den Herrn wird das Volk, die Stadt gerettet und dereinst zum himmlischen Jerusalem. Die gemeinschaftlichen Heilswerte stehen dem Herrn sehr

nahe und mit diesen Werten auch ihre, wie wir heute sagen würden, kulturellen Ausdrucksformen: das Zusammenleben, das Gespräch miteinander, die Sprechweise, die Bibel, in der sich das Gotteswort in menschlicher Sprache äußert. Es sind Werte, die eine Geschichte, ein Brauchtum, Denkweisen, Reaktionsweisen, Lebensformen hervorbringen und eine Geisteshaltung, eine Philosophie erzeugen.

Bitten wir den Herrn, uns aufgehen zu lassen, aus welchen Gründen er so bewegt war. Wir werden dann gewahren, daß diese Gründe auch uns stark betreffen, denn auch uns ist das Schicksal der Stadt, des Volkes nicht gleichgültig.

1. Warum weint Jesus über die Stadt?

Im Bericht des Lukas werden drei Gründe genannt, warum Jesus über Jerusalem weint:

a) „Du hast nicht erkannt, was dir Frieden bringt." Wenn dieses Wort im alttestamentlichen Sinn verstanden wird, so hat Jesus der Stadt Frieden gewünscht als eine Fülle von Gütern, als allseitiges Wohlergehen in Achtung voreinander und im Lob und in der Verherrlichung Gottes. Nach hebräischer Auffassung hängt dies eng zusammen.

Jesus hat der Stadt diesen Frieden, in dem sich die Herrlichkeit Gottes bekundet, wirklich gewünscht und er leidet darunter, daß dieser Friede ihr nicht gewährt ist. Falls Jerusalem die Zeit seiner Heimsuchung erkannt hätte, wäre die Geschichte wohl anders verlaufen; Jerusalem hätte in der Welt als Muster einer Stadt dagestanden, die in Brüderlichkeit und Gerechtigkeit ein organisches Ganzes bildet. Doch dieser Plan wird zunichte gemacht, der Weg zum Frieden bleibt den Bewohnern Jerusalems verborgen. Die Stadt hat sich geweigert, auf die Stimme Gottes zu hören, und deswegen bringt sie sich mit eigenen Händen zum Einsturz. Also besteht offenbar ein Zusammenhang zwischen der Annahme des Gotteswortes und dem geschichtlichen Schicksal der Stadt.

b) „Es wird eine Zeit kommen, in der die Feinde dich zerstören werden." Diese Weissagung ist voller Anklänge an das Alte Testament. In dem kurzen Satz ist das ganze tragische Schicksal Jerusalems von der Zeit der ersten Bedrohungen an bis zur Zerstörung und zum Exil zusammengedrängt.

Jesus steht in diesem Augenblick das ganze tragische Los des Volkes vor Augen und er erblickt wie durch ein Fernrohr dessen bevorstehendes tragisches Endschicksal: „Sie werden dich und deine Kinder zerschmettern und keinen Stein auf dem andern lassen." Jesus sieht nicht nur die religiösen Werte, sondern auch die Gebäude, Denkmäler, die Geschichte, die Identität der Stadt zusammenbrechen.

c) „Du hast die Zeit der gnadenvollen Heimsuchung nicht erkannt." Die Heimsuchung besteht im Besuch Gottes, der kommt, um die frohe Botschaft, die Kunde vom Heil zu bringen. Und zwischen diesem Besuch und dem Schicksal der Stadt liegt ein Zusammenhang vor.

Dies erhellt noch klarer in Lk 13,34-35. Im ersten Teil („Jerusalem, du tötest die Propheten") ist von der Haltung Jerusalems die Rede, das das Gotteswort zurückweist und mit Füßen tritt. Doch für den, der das tut, bleibt das nicht ohne Folgen: es wird zum Gericht. Daher verlangt Jesus von den Jüngern apostolischen Mut: „Ihr richtet diese Botschaft aus; wenn man sie nicht annimmt, schüttelt den Staub von den Füßen!" Im Wort liegt also eine richtende Kraft.

Sodann: „Wie oft wollte ich deine Kinder um mich sammeln!". Was will dieser vielleicht ein wenig mysteriöse Satz sagen? Jesus ist mehrere Male nach Jerusalem gegangen und hat die Stadt zur Buße aufgerufen. Dies läßt sich dem Johannesevangelium entnehmen, wonach Jesus Jerusalem wiederholt besucht und sich verschiedentlich bemüht hat, die Pharisäer und die Schriftgelehrten gerade an ihrem Ursprungsort, in der Stadt der Weisheit und des Gesetzes, zu überzeugen. Vielleicht ist jedoch dieser Satz in einem weiteren Sinn zu verstehen. „Wie oft wollte ich ... sammeln" – darin liegt die ganze Anstrengung Gottes im Alten Bund, sein angelegentliches Bemühen um das Volk: „So wie eine Henne ihre Küken unter ihre Flügel nimmt; aber ihr habt nicht gewollt!" Also ist von der Sorge Gottes um die Stadt als ganze, um ihr menschliches und religiöses Leben und von der Folge der Zurückweisung die Rede. „Darum wird euer Haus verlassen", so wie Jeremia dies dem ungläubigen Jerusalem seiner Zeit prophezeit hatte.

„Bis zu der letzten Heimsuchung": Vielleicht stammt das Vertrauen des Paulus, daß Israel sich bekehren werde, von daher. Es wird eine Zeit geben, in der man von neuem rufen wird: „Gesegnet sei er, der kommt im Namen des Herrn!". Jedenfalls ist nach dieser Stelle klar, daß ein Zusammenhang besteht zwischen dem Glauben und dem Frieden, zwischen der willigen Aufnahme des Besuchs und dem Vereintsein unter den bergenden Flügeln des Herrn, zwischen dem Beschütztsein durch den Herrn und dem harmonischen Verbundensein aller zu einer Stadt, zu einem Volk.

An diesem Punkt stellt sich natürlich in unserer Meditation die Frage in bezug auf unsere jetzige Situation: „Herr Jesus Christus, ist das, was du gesehen und angekündigt hast, bloß das Schicksal des jüdischen Volkes, bei dem das politische und das religiöse Schicksal so eng miteinander verknüpft sind?"

2. Der Zusammenhang von Glaube und Friede

Uns interessiert vor allem der Zusammenhang zwischen Glaube und Friede (dieser im hebräischen Sinn verstanden als Fülle auch der irdischen Güter in einem dem Gotteslob zugewandten Leben). Ist dieser Zusammenhang nur für diesen besonderen Moment gegeben oder gilt er für alle Völker? Welchen Stellenwert haben im Lukasevangelium – und in der religiösen Erziehung des Theophilus – die weltlichen Werte und in welchem Bezug stehen sie zur Welt des Evangeliums?

Ich schlage zwei Wege vor, sich mit dieser Frage zu befassen. Erstens einmal eine mehr allgemeine Überlegung darüber, von welcher Bedeutung für Lukas die weltlichen Werte sind: alle Werte der Kultur, der Zivilisation, der Gesellschaftsorganisation samt allem, was damit zusammenhängt – Wirtschaft, Reichtum, Produktion und so weiter. Daraus ergibt sich eine erste Antwort. Sodann der eine oder andere Gedanke über den messianischen Ansatzpunkt in direktem Zusammenhang mit dem Weinen Jesu und seiner Klage über Jerusalem.

Die Werte der Welt

Was finden wir im Werk des Lukas ganz allgemein? Meines Erachtens eine eher nüchterne Haltung zu den Werten der Welt seiner Zeit. (Wir beschränken uns auf diese Zeit, denn Lukas will nicht einen Leitfaden für sämtliche Probleme aller Zeiten geben.) Lukas anerkennt manche Werte seiner Zeit. Wie die Apostelgeschichte zeigt, schätzt er das Ansehen Roms, das römische Recht und die römische Gerechtigkeit hoch, ebenso die innere Organisation der griechischen Städte, den Reiz gewisser Städte wie Ephesus, die vorzüglichen römischen Straßen, das Reisen und so weiter.

Lukas anerkennt also klar, daß die Welt seiner Zeit bedeutende (wirtschaftliche, kulturelle, soziale usw.) Werte aufweist; er nimmt diese an und schätzt sie. Andererseits ist er recht nüchtern, weiß er doch sehr gut, daß die Welt seiner Zeit nicht in jeder Beziehung glanzvoll ist. Er weiß, wie langsam und unzuverlässig die Gerichte arbeiten, weshalb Paulus weite Reisen machen, lange warten muß und schließlich ums Leben gebracht wird. Er kennt die Tumulte in den griechischen Städten, mit denen die Behörden nicht fertig werden. Er weiß, wie furchtsam und servil die römischen Autoritäten sind, z.B. in Philippi. Er weiß um die Mängel der Wirtschaftsorganisation, die zu Teuerungen führen. Er steht also den zivilen und gesellschaftlichen Organisationen nicht in lauter Bewunderung gegenüber. Man könnte seine Haltung vielleicht als abwägend bezeichnen: Einiges ist gut, mit anderem steht es schlecht. Er geht seinen Weg, ohne daß ihm viel daran gelegen wäre, über diese Dinge ein Urteil abzugeben oder dazu ausdrücklich Stellung zu nehmen. Somit ergibt sich eine erste Beobachtung: Lukas nimmt zu den Werten seiner Zeit eine eher nüchterne Haltung ein.

Eine zweite Feststellung: Das Werk des Lukas distanziert sich klar von einigen zweifelhaften Werten oder Scheinwerten seiner und jeder Zeit. Werte wie die Masse, das Ansehen, die Macht werden einer Kritik unterzogen.

Die Masse: „Fürchte dich nicht, du kleine Herde!" (Lk 6,26). Dem Vater hat es gefallen, nicht der großen

Masse, sondern euch, der kleinen Schar, das Reich zu geben, und für ihn zählt ein verlorenes Schaf mehr als neunundneunzig andere, die in Sicherheit sind (Lk 15, 4–7).

Das Ansehen: „Weh euch, wenn euch alle Menschen loben!" (6, 26) – während im politischen Leben Roms das Streben nach Ansehen eine der Haupttriebfedern war.

Die Macht: „Die Könige herrschen über ihre Völker, und die Mächtigen lassen sich Wohltäter nennen. Bei euch aber soll es nicht so sein" (22, 25). Hier wird die Regierungsweise offensichtlich kritisiert.

Während von einigen zweifelhaften oder Scheinwerten Abstand genommen wird, besteht eine ausgeprägte Vorliebe für Werte, die bei den Menschen nicht viel zählen. So für die Kinder: „Menschen wie ihnen gehört das Reich Gottes" (18, 16); für die Kleinen: „Wer unter euch allen der Kleinste ist, der ist groß" (9, 48). All dies steht in offensichtlichem Gegensatz zum Hintergrund der damaligen Gesellschaftsstruktur. Zum Essen soll man „Arme, Krüppel, Lahme und Blinde" einladen (14, 13.15–24). Das klingt wie ein Witz, und man fragt sich: „Was für ein Festmahl soll das sein?" Es ist ein Affront gegen eine ganze Kulturauffassung. Und dann der Grundsatz, der die ganze Politik und Rechtsprechung zu zerstören scheint: „Segnet, die euch verfluchen!" (6, 26 ff). Wie läßt sich eine Gesellschaft auf dem Recht aufbauen, wenn dieser Grundsatz gilt?

Hier tritt man auf eine ganz andere, einzigartige Weise in die Gesellschaft ein. Man beugt vor keiner bestehenden Lebensform das Knie, auch wenn man sie respektiert und nutzt. (So nutzt Paulus das römische Recht und die ihm zustehenden Rechte, um keine Schläge zu erhalten und an den Kaiser zu appellieren.)

143

Man könnte so sagen: Was die großen Lebensbindungen betrifft, befaßt sich das Jüngerhandbuch (das Lukasevangelium und die Apostelgeschichte) etwas mit der Familie (einige Elemente), wenig mit der Kultur (obwohl Lukas, wie sein Stil beweist, ein Mann von Bildung ist), mit dem Wirtschaftsleben, indem es auf den Kopf gestellt wird (Lukas fordert zum Verzicht auf; Konsumaszese wirkt sich aber nicht gerade wirtschaftsfördernd aus), ganz wenig mit der Politik und kaum oder überhaupt nicht mit der Beziehung unter den Völkern (zwar ist der Begriff „Friede" vorhanden, doch im Zusammenhang mit dem Gotteswort).

Das Jüngerhandbuch ist also sehr enttäuschend, wenn wir von ihm Auskunft über die fünf großen Probleme verlangen, von denen die Kirche in „Gaudium et spes" behauptet, sie habe darüber allen Menschen etwas zu sagen. Dies bringt uns in eine gewisse Unsicherheit, die wir auch in unser Gebet hineinnehmen sollen, indem wir den Herrn fragen, was das zu bedeuten hat.

Es hat vielleicht zu bedeuten, daß wir unseren Weg selbst suchen sollen. Der Leitfaden ist für den Jünger von damals und nicht für den Menschen von heute gedacht; also müssen wir als Menschen von heute unseren eigenen Weg finden. Das Jüngerhandbuch gibt uns nicht (wie auch Ignatius im Exerzitienbüchlein) fertige Anweisungen in die Hand, sondern eher die Grundlage für sämtliche Entscheide.

Messianischer Ansatz

Suchen wir nun unter dem Titel „Messianischer Ansatz" eine Antwort auf die gleiche Frage, doch mehr vom Herzen des Herrn aus. Kehren wir einen Augenblick in unser Inneres ein und suchen wir auf dem Weg der Sympathie und Wesensverwandtschaft das Ideal wahrzunehmen, das beispielsweise hinter Lk 2, 38 steht: Hanna „sprach über das Kind zu allen, die auf die Erlösung Jerusalems warteten" oder hinter dem Wort des greisen Simeon: „Ein Licht, das die Heiden erleuchtet, und Herrlichkeit für dein Volk Israel (Lk 2, 32). Wir finden hier die gleiche Haltung wie bei Jesus, der weint, nämlich ein tieferlebtes messianisches Ideal, für das Gott der absolut Erstrebenswerte ist, aber in einer menschlichen Situation, die von Gerechtigkeit, Friede, Achtung, Freiheit und Lobpreis bestimmt wird. Es ist das Ideal des Lobgesangs des Zacherias: „Aus Feindeshand befreit ihm furchtlos dienen in Heiligkeit und Gerechtigkeit vor seinem Angesicht all unsere Tage" (Lk 1,74–75). Dies ist das Grundideal, die jüdische Seele, die im Weinen und Klagen Jesu über Jerusalem zutage tritt.

Dies ist auch das Ideal, das sich im Herzen jedes Menschen regt, der sich mit dem Schlechten nicht abfindet; es ist das Ideal, das heute die Milliarden von Menschen beseelt, die sich ernstlich um die Verbesserung der Zustände bemühen, nur wird dieses Ideal tragischerweise verkürzt, weil der Offenheit auf Gott hin beraubt. Die Hoffnung auf das Bessere und das Streben nach dem Besseren, der radikale Messianismus, wie man ihn nennen könnte, lebt im Herzen jedes Menschen, der sich nicht damit abfindet, daß es mit der Welt schlecht steht, obwohl die Verzweiflung und Enttäuschung zu einer gewissen Resignation führen können. Im Grunde ist der Mensch Mensch kraft seines Verlangens nach dem Besseren.

Jesus stützt sich auf diese vom ganzen Alten Testament gehegte Hoffnung, auf die allzeit und überall bestehende Erwartung einer gerechteren, besseren Welt.

Und Jesus wählt nicht resignierte, phlegmatische Leute zu seinen Jüngern, sondern Männer, die der Begeisterung und des Vertrauens fähig sind. Er liest sie aus den Jüngern des Täufers aus. Es sind Menschen mit einem sehr hohen Ideal, welche die Erlösung Israels erwarteten und auf eine Veränderung der Verhältnisse hofften.

Und diese Erwartung war unter den Jüngern so stark, daß sie trotz aller zurechtstellenden Erklärungen Jesu auch noch ganz zuletzt in engstirnigen, irdischen Formen wieder auftauchte: „Wir aber hatten gehofft, daß er der sei, der Israel erlösen werde" (Lk 24,21), sagen die Jünger von Emmaus. Jesus hat also inmitten dieser ungestümen Hoffnungen gelebt, wie wir und die Menschen von heute sie hegen, und hat sich auf sie gestützt; er hat sich in sie eingefühlt und sie geläutert. Er ließ die Seinen in dieser Erwartung leben, die er nicht abwies, aber durch strenge, harte Prüfungen zurechtbog, um sie auf das richtige Ziel zu richten.

Jesus lebt in dieser Atmosphäre eines messianischen Idealismus, der sich von der Sehnsucht jedes Menschen, die auch heute so viele Menschen beseelt, nicht unterscheidet, sondern ihr ganz nahe steht.

3. Folgerungen für uns

Was will der Herr uns damit sagen, daß er uns im Weinen über Jerusalem einen Blick in sein Inneres tun läßt?

Ich möchte daraus kurz dreierlei schließen: Wir werden aufgefordert zum Vertrauen, zu einer Vertiefung unseres Verlangens und zur Unterscheidung der Ebenen.

1. Die Aufforderung zum Vertrauen. Wie schon gesagt, lautet die Frage: Vertraust du darauf, daß der Herr

weiß, wohin er dich führen will; daß er deine tiefsten Wünsche versteht und sie nicht abweisen, sondern erfüllen will? Bist du bereit, auf sein Wort hin etwas zu riskieren und auch zu verlieren?

Diese Frage stellt uns der zweite Teil des Lukasevangeliums. Er richtet sich an den Jünger und biegt die messianischen Erwartungen, die ungestümen Wünsche zurecht. Der Evangelist spricht vor allem dem Priester Mut und Vertrauen auf den Herrn zu.

2. Eine Aufforderung zur Vertiefung unseres Verlangens. Wenn wir ernstlich in die Schule Jesu gehen, bringt sie uns dahin, worin die messianische Hoffnung letztlich gründet, nämlich zum Verlangen nach Gott. Es besteht eine Verbindung zwischen dem allgemeinen messianischen Verlangen nach Frieden, Freiheit und Gerechtigkeit, und dem noch radikaleren Verlangen nach Gott, das sich kraft der Gnade Gottes im Herzen jedes Menschen regt. Der Herr möge uns einsehen lassen, daß die beiden Sehnsüchte zusammenhängen. Er möge uns zeigen, daß der Messianismus, die Hoffnung auf Gerechtigkeit, im Verlangen nach dem Absoluten gründet. Die eigentliche Gebetssituation besteht darin, daß man vor Gott weilt und sich nach ihm sehnt. Das Gebet ist die radikale Haltung des Menschen, in der alle anderen Wünsche licht, klar und geordnet werden; im Gebet verlangt der Mensch nach Gott, begehrt er sein Antlitz zu sehen. Dies kommt treffend zum Ausdruck in den Psalmen: „Herr, zeige uns dein Antlitz; nach deinem Antlitz, Herr, suche ich", im Verlangen des hl. Augustinus: „Du hast uns auf dich hin geschaffen, Herr, und unruhig ist unser Herz bis es ruhet in dir", in den Worten von P. Louis Lallemant zu Beginn seines Buches über das innere Leben: „Unser Herz ist eine Leere, die nur von Gott ausgefüllt werden kann" und im Aus-

spruch von Madeleine Delbrêl: „Die Leidenschaft für
Gott bewegt mich; sie ist die Wurzel von allem."

Madeleine Delbrêl (†1964) war eine Sozialarbeite-
rin in der Bannmeile von Paris, in einem ganz von
den Kommunisten beherrschten Viertel. Sie arbeitete
Tag für Tag mit ihnen zusammen in Leidenschaft
für Gott und erleuchtet vom Evangelium. Ihre
Schriften sind mir sehr behilflich, den Zusammenhang zwischen einem lauteren kontemplativen Leben und einer intensiven sozialen Tätigkeit zu erkennen. Diese Leidenschaft für Gott, von der diese
moderne Mystikerin nie gelassen hätte, gab ihr die
Einsicht, an welchem Punkt sie aufbegehren und
sich abgrenzen müsse.

Lukas fordert uns also zu einer Vertiefung unseres
Denkens auf. Wir sollen erkennen, wie das Verlangen
nach Gott, der Wunsch, sich ihm ganz radikal und von
allem gelöst hinzugeben, in uns das lautere Verlangen
nach Gerechtigkeit, Frieden, Brüderlichkeit, Zusam-
menarbeit weckt, auch das Verlangen, eine gerechte
Welt des Menschen aufzubauen, denn dies ist der
Traum der hebräischen Seele, dies ist das Ziel des ganzen alttestamentlichen Gesetzes mit seinen bürgerli-
chen und gesellschaftlichen Weisungen.

3. Eine Aufforderung zur richtigen Reaktion und
zur Unterscheidung der Ebenen. Wir sagten schon, daß
wir von der Urkirche (und daher auch vom Neuen Testament, das zum Teil von der Urkirche stammt) nicht
mehr verlangen können, als sie erlebt hat. Die ersten
Christen haben sich als kleine Herde in einer statischen
Gesellschaft verstanden, folglich als eine kleine Schar,
der keine weitreichenden sozialen Verantwortlichkei-
ten obliegen und für die es nicht notwendig ist, eine
vollständige Sicht des Menschen zu haben. Obwohl

sich viele wertvolle Hinweise finden, stellt sich das Problem nicht wie heute in einer Weltkirche.

Die Urkirche machte also ihre Erfahrungen in einer statischen Gesellschaft, in der sehr viele Probleme nicht bestanden, die erst aus dem schwindelerregenden Wachstum, dem von der Industrialisierung, von der Vervielfältigung der menschlichen Arbeit ermöglichten Selbstaufbau der Gesellschaft hervorgehen. Der Bezug zwischen dem Menschen und der Arbeit war noch höchst einfach: Je mehr Menschen, desto mehr Arbeit. Das soziale Geschehen verlief daher stets nach den gleichen Grundlinien. Es genügte deshalb durch mehrere Jahrhunderte hindurch, an die Stelle des Heidentums ein christliches religiöses Ideal mit einer entsprechenden, analogen Struktur zu setzen.

Das Neue Testament konnte also die Probleme der beiden letzten Jahrhunderte, einer Kirche mit öffentlichen und gesellschaftlichen Verantwortungen in einer in raschem Wandel befindlichen Gesellschaft noch gar nicht voraussehen.

Kehren wir nun zum Thema unserer Meditation zurück und sagen wir zum Herrn: „Herr, laß uns verstehen, warum du weinst und warum dir die Stadt und das schmerzliche Schicksal, das du für sie voraussahst, so nahe ging. Du hast diese Situation in vollkommener Hingabe an den Vater, in klarem Denken und in großem Mitgefühl miterlebt. Laß uns mit deiner Gnade ähnliche Situationen ebenfalls in vollkommener Hingabe an den Vater, in klarem Denken und in großem Mitgefühl annehmen. Gib uns die demütige Einsicht, daß wir die Lösungen, die wir für gut halten, anderen nicht aufzwingen können, und hilf uns, daß wir die Ebenen der Kompetenzen unterscheiden. Darum erbitten wir von dir, Herr, für uns und für die ganze Kirche viel Klarheit, Gnade, Hellsicht, damit wir aus den Verwirrungen, Erbitterungen, den Sackgassen, in denen wir festgefahren sind, herauskommen.

Einzig deine Gnade, Gott, kann uns befreien. Herr, vielleicht würdest du heute nicht mehr bloß über Jerusalem weinen, sondern auch über die Gefühls- und Geistesverwirrung, in die wir geraten sind. Deine Macht möge sie auflösen. Amen.

Elfte Meditation

Das Gebet Christi und der Kirche

Stellen wir uns zunächst einmal die Frage: Läßt uns jedwedes Gebet innerlich wachsen? Braucht man bloß zu beten, länger zu beten, intensiver zu beten, inbrünstiger zu beten? Nein, ganz sicher nicht, denn man kann auch falsch beten wie z. B. der Pharisäer im Tempel. Jeder muß sich fragen: Bete ich wie der Pharisäer oder wie der Zöllner? Ist es ein Gebet, das mich zur Entfaltung bringt, mich im Glauben wachsen läßt, oder ist es ein Gebet, das mich blockiert?

Ein Gedanke zu diesem Thema hat sich mir aufgedrängt, als ich in einem Buch der Mystikerin Adrienne von Speyr las, einer engen Mitarbeiterin von Hans Urs von Balthasar, dem sie einige ihrer Bücher diktierte. In ihren Hinweisen auf das Gebet findet sich die Stelle, die mich besonders angesprochen hat und die ungefähr so lautet: „In unserem Gebet gleichen wir manchmal einer Frau, die den Mann und die Kinder bloß mit den eigenen Sorgen und mit dem Verdruß, den sie während ihres Alleinseins gehabt hat, unterhält. Es ist ein Gebet, in dem oft nicht Gott, sondern der Mensch die Hauptrolle spielt."

So verhält es sich manchmal mit unserem Gebet: Wir projizieren oder drängen uns selbst in es hinein, so daß wir den Herrn nicht zu Wort kommen lassen.

Darum müssen wir uns zur Lebenserneuerung die entscheidende Frage stellen: „Bringt mich mein Gebet zum Wachsen; ist es Glaubensantwort und Hinführung zum Glauben?" Es geht nicht sosehr darum, ein wenig mehr zu beten, die Betrachtung zu machen, das Stundengebet zu verrichten (gewiß auch das!), sondern wir haben uns zu fragen: „Wie sieht mein Gebet aus? Ist es ein Gebet des Glaubens oder ein Gebet, das sich sozusagen noch nicht ins Freie gewagt hat, so daß ich mich dabei aufs Spiel setzen, mich den Händen Gottes ausliefern würde?" Wohl kann ich die Zeit des Betens verlängern, aber in Wirklichkeit verlängere ich die Zeit, die ich vor dem Spiegel verbringe, und ich gehe, wie der Jakobusbrief sagt, wieder so hinaus, wie ich gekommen bin. Darum unsere Bitte: „Herr, lehre mich beten! Lehre mich die richtige Haltung, die ich nicht von selbst finden kann, denn von mir allein aus kehre ich immer wieder zum egoistischen Beten zurück, worin ich endlos mich selbst bespiegele." Diese Bitte, daß der Herr uns beten lehrt, kann voller Angst sein, denn es kann einen Schock auslösen, wenn ich plötzlich erwache und sehen muß, daß ich Jahre hindurch ziemlich fruchtlos gebetet habe, weil ich um das wahre Beten, zu dem Gott mich rief, bloß gekreist hatte. Stellen wir mit dieser Bitte im Herzen unsere Betrachtung an.

1. Das Beten Christi

Blicken wir auf das Beten des Herrn, wie Lukas es darstellt. Wir könnten hierzu mehrere Stellen bei Lukas anführen, wollen aber zuerst einen Überblick geben.

Im Leben Jesu gab es stark einsiedlerische Momente, Zeiten der Zurückgezogenheit. Es stimmt nicht, daß Jesus sich Tag und Nacht mit dem Volk abgegeben habe, wie manche es sich vorstellen. Jesus flüchtete oft, suchte einsame Orte auf, zog sich zurück, und die Leute mußten nach ihm suchen und ihn zu sich bitten. Jesus hat sich zuweilen sehr harte Trennungen auferlegt. Die eine oder andere Stelle bei Lukas betont dies, beispielsweise Lk 5, 15 f: „Sein Ruf verbreitete sich immer mehr, so daß die Menschen von überall herbeiströmten. Sie alle wollten ihn hören und von ihren Krankheiten geheilt werden. Doch er zog sich an einen einsamen Ort zurück, um zu beten." Jesus verbarg sich also zuweilen, und zwar, wie Lukas uns sagt, nicht bloß deshalb, weil er der Popularität ausweichen wollte, sondern auch, weil er beten wollte. Dieser Drang Jesu, in die Einsamkeit zu gehen, um zu beten, hat für uns etwas Überraschendes. An einer anderen Stelle schreibt Lukas: „In diesen Tagen ging er auf einen Berg, um zu beten. Und er verbrachte die ganze Nacht im Gebet zu Gott" (6, 12). Er verließ die Leute also nicht bloß für eine Stunde, sondern er trennte sich wirklich von ihnen, er ging weg und verweilte in inbrünstigem Gebet.

Die Apostel fragten sich wohl oft, was Jesus bei diesem Beten tat, und auch wir fragen uns dies und sind noch mehr darüber verwundert, da wir wissen, wie vollkommen er sich mit dem Mysterium Gottes vereinigen, wie schnell er sich nach dem Willen des Vaters richten konnte. Warum also verbrachte Jesus eine so lange Zeit im Gebet? Gewiß können wir dieses Geheimnis nicht durchdringen und in Worte fassen, die Tatsache aber, daß es dieses Geheimnis gibt, macht uns deutlich, daß dieses Sich-Zurückziehen zum Gebet für unser Leben entscheidend wichtig ist. Es ließen sich noch weitere Stellen bei Lukas anführen, wo das Gebet Jesu in sein Leben, ja sein Leben in das Gebet eingefügt erscheint.

Jesus befindet sich manchmal abseits, in der Ferne, und das Volk muß ihn fast mit Gewalt herbeiziehen. Ein herrliches Beispiel für diese Haltung ist Franz von

Assisi mit den Pausen, die er einlegt, wo er die Brüder im Stich läßt, alle Probleme Probleme sein läßt und vierzig Tage lang wegbleibt. Dies ist für die Freiheit Jesu bezeichnend. Wer von uns würde es wagen, sämtliche Probleme auf sich beruhen zu lassen und zu sagen: „Jetzt habe ich Wichtigeres zu tun; nun können meinetwegen die anderen drei Tage lang warten, telefonieren, aufbegehren, nervös herumlaufen; ich habe etwas Wichtigeres, Dringlicheres zu tun."

Noch etwas anderes haben wir zu lernen: den Mut, wir selbst zu sein und uns zu sagen: Das Gebet ist wichtiger als ein Besuch beim Zahnarzt, für den man doch auch alles andere aufschiebt und die anderen warten läßt. Ich muß dem Gebet diesen Stellenwert geben und mein Recht behaupten, mich von den Leuten zurückzuziehen, auch wenn sie dann protestieren, schreien und aufbegehren. Jesus hielt dies so. Stellen wir uns vor, wie enttäuscht und aufgebracht Kranke waren, wenn er sich von ihnen wegbegab, obwohl sie vielleicht zwei, drei Tagereisen weit zu ihm gekommen waren. Doch Jesus ging weg, trennte sich mutig, denn er legte auf das Gebet wenigstens gleich viel Gewicht wie auf den Kontakt, die Liebestätigkeit, das erbarmende Wirken.

2. Erfahrungen unseres Betens

Im Licht dieser Betrachtung des persönlichen Betens Jesu wollen wir jetzt über die Bereicherungen – wenigstens die äußerlich feststellbaren – unseres Betens in den letzten Jahren nachdenken.

Jeder könnte hier der Geschichte seines Betens nachgehen. Um einige Anhaltspunkte zu geben, möchte ich auf bestimmte Ereignisse und Situationen zu sprechen kommen, die für mein Beten bestimmend waren.

Auf mich hat das liturgische Gebet der griechischen Kirche, der griechischen Klöster, wie ich es kürzlich erlebte, großen Eindruck gemacht. Ich weilte letzte Ostern, während der Karwoche der Orthodoxen, zu Exerzitien auf der Insel Patmos. Ich habe die Gottesdienste während des Tages und während der Nacht mitgefeiert und dabei ging mir der Sinn für eine andere Gebetsweise auf. Das gleiche erlebte ich, als ich mich auf dem Berg Athos in einigen ganz strengen Klöstern aufhielt. Dort beten die Mönche von ein bis zwei Uhr nachts für sich allein und von zwei Uhr an im Chor. In einem bestimmten Moment beginnen die Prostrationen: man wirft sich gleichsam in einer kollektiven nächtlichen Gebetsekstase im Kerzenschein auf den Boden. Man sieht nur wenig: Schatten, die sich bewegen, sich hinknien, sich erheben, sich die Hände küssen, den Gesang wieder aufnehmen. So etwas macht nachdenklich, und dieses ausdauernde Gebet läßt uns ein wenig das anhaltende Beten Jesu verstehen. Man muß in einen gewissen Rhythmus eintreten, etwas, das für unser Beten ungewohnt ist. In der ersten halben Stunde gelingt es einem mehr oder weniger gut; dann findet man allmählich Eingang in diese Atmosphäre, man vergißt sich, und dann verrinnen die Stunden, ohne daß man es merkt. Der Gesang läßt die Schönheit der Texte und Gesten hervortreten und schafft eine Atmosphäre, die wirklich umgestaltet und den Geist tief nährt.

Eine andere Gebetserfahrung ist das charismatische, pfingstliche Beten, das viele die Möglichkeit und Schönheit eines lobenden, preisenden, dankenden Betens entdecken ließ. Vor allem dann, wenn man sieht, wie es aus jungen Menschen hervorbricht, die noch sehr wenig Erfahrung im geistlichen Leben haben, aber höchst spontan und echt Gott preisen, versteht man den Satz des Ignatius: „Der Mensch ist dazu geschaffen, Gott, unseren Herrn, zu loben." In dieser Gebetsweise ist das Lobgebet am Platz; das gemeinsame Lobpreisen springt vom einen auf den anderen über, läßt erfahren, wie es vom Heiligen Geist eingegeben wird, und durchdringt uns bis in die Tiefe.

In Richtung dieses Betens liegt das Gruppengebet ganz allgemein, das in verschiedenen, zuweilen tief pakkenden Formen erfolgt. Das Gebet wird Stunde um Stunde fortgesetzt, ohne daß man dabei ermüdet. Ich erinnere mich an das Gebet einer Gruppe, die sich der Insassen eines Jugendgefängnisses in Rom annimmt. Als ich mit ihr betete, wurde mir bewußt, daß durch das, was wir erlebten, das Gebet irgendwie sichtbar wurde, und der Geist wurde vom Strom des Lobpreises, der Anbetung, der Selbsthingabe geradezu mitgerissen. In Italien gibt es verschiedene Gruppen, die solche tiefe Gebetserfahrungen machen und machen lassen. Es gibt auch Stätten, zu denen man sich begeben kann, um beten zu lernen. Warum sollte man sich nicht drei, vier Tage Zeit nehmen, um sich einführen zu lassen, um von Menschen zu lernen, die meisterlich ins Gebet einzuführen verstehen?

Eine weitere Möglichkeit, die sich für viele aufgetan hat, bietet der ganze Einfluß des östlichen Betens, des Yoga, des stillen Meditierens. Für viele ist dies ein Anlaß, sich selbst zu finden und den Sinn für das Beten zu vertiefen.

Man könnte gewissermaßen eine ganze Galerie von Gebetserfahrungen ansehen. Es ist richtig, daß wir uns von allen diesen Möglichkeiten anregen lassen. Wir stellen dann fest, daß sich die einen mehr und die anderen weniger für uns eignen; daß die einen in unserer Psyche Stellen zum Schwingen bringen, die in unserem

Gebet vielleicht ein wenig vernachlässigt, wenig berührt wurden. Und doch blebt immer die Grundfrage: Wohin soll mich das Gebet bringen; welches Gebet läßt mich innerlich wachsen?

3. Das Unterscheidende christlichen Betens

Was macht das christliche Gebet aus? Welches ist das charakteristische, unterscheidende Element des christlichen Betens?

Pater Mollat vom Päpstlichen Bibelinstitut gibt auf diese Frage mit dem Johannesevangelium zur Antwort: Das spezifische, unterscheidende Element ist das Beten „im Geist und in der Wahrheit" (Joh 4,24), wobei „Geist" nicht im Gegensatz zur Materie zu verstehen ist, sondern als Gott selbst, der mit seiner göttlichen Macht uns zum Beten bringt. Dies ist für Professor Mollat der besondere Zug, der das christliche Beten von allen anderen, wenn auch noch so schönen, religiösen Erfahrungen unterscheidet. Das wahre, das einzig echte christliche Gebet geht aus dem Geist Gottes im Herzen des Menschen hervor und in der Wahrheit, d. h. angesichts des Heilsplans, der mir vom Gotteswort konkret mitgeteilt wird. Ein solches Gebet, sagt Pater Mollat, ist spezifisch christlich, und nicht jüdisch, denn es ist dem Neuen Testament eigen, das Gebet mit dem Geist Gottes in Zusammenhang zu bringen.

Auf die Frage, wie der Geist Gottes das Gebet bestimmt, gibt Professor Mollat folgende Hinweise:

a) Der Geist regt zum Beten an, er ist dessen Urheber; folglich ist das christliche Gebet Gnadengabe. Wie Paulus sagt (Röm 8,26), sind wir selbst nicht imstande, zu beten, „denn wir wissen nicht, worum wir in rechter Weise beten sollen; so nimmt sich der Geist unserer

Schwachheit an". Wir sind demnach zu kraftlos, zu schwach, um zu beten; wir sind nicht imstande, uns in den Zustand des richtigen Betens zu versetzen. Wohl sind wir fähig, eine Stunde oder auch zwei in Meditation, in Nachsinnen zu verbringen, nicht aber, wirklich zu beten. „Der Geist selber tritt jedoch für uns ein" (ebd.); er arbeitet mit uns zusammen, ist in uns als freien, aktiven Menschen tätig, und wenn wir uns ihm öffnen, bringt er in uns das Gebet in Gang. Der Geist wirkt jedesmal, wenn wir uns auf ihn verlassen; nicht nur dann, wenn wir in Begeisterung sind, sondern auch bei geistlicher Trockenheit, Dürre und im Schweigen. Der Geist lebt und regt sich, wirkt eng mit uns zusammen „mit Seufzen, das wir nicht in Worte fassen können" (ebd.). Wie mysteriös ist dieses Seufzen des Geistes! Pater Mollat macht uns auf das Seufzen der Heiligen aufmerksam: Franz Xaver verbrachte ganze Nächte damit, daß er „O Trinitas!" sagte. Hier haben wir diese Belebung durch den Geist, der seufzt und einen ganz einfachen Anruf hervorbringt, der endlos wiederholt wird. „Plura pati! – noch mehr leiden!" ist ein weiterer Seufzer des Geistes im Mund anderer Heiligen. Das also ist das echte Gebet, das uns in eine wahre Beziehung zu Gott versetzt.

b) Der Geist gibt dem Gebet eine mystische Tiefe. Wir können dies den beiden ersten Kapiteln des Ersten Korintherbriefes entnehmen, die wir wie folgt zusammenfassen können: „Der Geist, der um sämtliche Geheimnisse Gottes weiß", ist in uns und gibt uns Zutritt zu der Welt, die der Psyche des Menschen verborgen ist. Darum ist es höchst schwierig, vom Beten zu sprechen, wenn man es nicht erlebt hat, oder zu jemandem, der es nicht erlebt hat. Und doch machen wir die Erfahrung, daß bei Jugendgruppen, mit denen wir z. B. nach

Spello oder nach einem ähnlichen Ort gehen, sofort etwas aufbricht und daß sich die in ihnen schlummernde
Fähigkeit, zu beten, im Kontakt mit einer Atmosphäre
des Glaubens entwickelt. Der Geist ist mit dem Vater
und dem Sohn vertraut und gibt uns diesen Geschmack
an der Wahrheit, dieses Eindringen in das Mysterium,
das sich nicht mit Worten erklären läßt und sich folglich auch nicht mitteilen läßt außer als Glaubensmittei-
lung. Der Geist entwickelt in uns den Glauben und die
Taufgnade und verhilft uns zu einer wahren Erkenntnis
des Mysteriums des Vaters.

c) Der Geist gibt unserem Beten Herzlichkeit, eine
gesunde, tiefe Herzlichkeit und Zärtlichkeit. Er ruft in
uns „Abba, Vater!" (Gal 4,6). Er ruft es, er schreit es
und bringt uns so dazu, uns ganz dem Vater zu überlassen.

d) Schließlich ist der Geist Urheber und Lenker unseres Gebets auch in dem Sinn, daß er uns zusammen-
bringt, uns als Leib der Kirche belebt und uns gemeinsam beten läßt. Wie Pater Mollat sagt, vermochten weder der Neuplatonismus noch der Sufismus noch der
mystische Strom des Islam noch die Hindufrömmigkeit
noch der Buddhismus den Menschen das gemeinsame
Gebet im öffentlichen Kult beizubringen, wie es im
Christentum praktiziert wird. Wohl haben diese Reli-
gionen erhabenste individuelle Gebete gelehrt, aber sie
haben nicht dazu angeleitet, sich in ein öffentliches, ge-
meinschaftliches Beten zu verlieren und in ihm miteinander zu verschmelzen. Dies ist eine spezifische christliche Gabe, eine Gnadengabe des Geistes. Im christlichen Gebet geht man im gemeinschaftlichen Gebet auf
und läßt sich von ihm tragen.

Wir haben in dieser Beziehung noch viel zu lernen,
denn wir sind beim gemeinsamen Gebet oft bloß Ein-

zelpersonen, die ihre Gebete zusammentun. Doch dies ist kein wahres, volles christliches Beten, solange wir uns nicht in die Bewegung der Gemeinschaft hineingeben, die uns trägt. Das gilt auch von der Eucharistiefeier. Solange wir nicht merken, daß wir nur ein Gebetselement des ganzen Gottesvolkes sind und somit alle seine Ängste, Sorgen und Leiden teilen, sind wir noch nicht in den wahren Sinn der Eucharistie eingedrungen. Wir müssen uns in die Leiden der anderen hineingeben, uns in sie verwickeln lassen. Es ist nicht damit getan, daß der Priester die Messe würdig feiert; damit allein hat man noch nicht das gemeinschaftliche Gebet des Lebens, im Bewußtsein, daß alle von ein und demselben Geist beseelt sind. Wenn man in eine zum Gebet versammelte Gemeinschaft kommt, verspürt man gleich, wie es um sie und um ihr Gebet steht; man merkt ohne weiteres, ob es sich bloß um eine Summierung individueller Gebete handelt oder ob die Herzen wirklich zu einer Einheit verschmolzen sind. Hier haben wir noch viel zu tun, eine Umkehr vorzunehmen, einen Weg zu machen, denn um uns in das gemeinsame Gebet hineinzugeben, braucht es stets einen mutigen Sprung. Wir müssen aus uns selbst, aus unserem Individualismus herausgehen, um uns gemeinsam retten, gemeinsam vom Geist heimsuchen zu lassen.

4. „Herr, was für ein Gebet willst du von mir?"

Auf diese Frage will ich keine endgültige Antwort geben, doch denke ich, daß das Gebet, das wir anstreben, in dem wir uns bewahrheiten müssen, das Gebet des Zöllners ist. Dieser schreibt sich nichts zu, nicht einmal die Fähigkeit, zu beten, sondern überläßt sich ganz der Macht und dem Erbarmen Gottes. In einer solchen Haltung fühlen wir in uns den Lobpreis auf das Erbarmen Gottes, nicht ein erzwungenes Lob, sondern das Lob dessen, der sich begnadet fühlt.

So entsteht die vollkommene Gleichförmigkeit mit dem Willen Gottes. Das Gebet wird zu einem Akt, durch den man sich Gott nachgestaltet, zu einem Aus-sich-Herausgehen, um sich in die Hände Gottes zu verlieren und in ihnen zu ersterben. Es wird zu einem Sich-ans-Kreuz-schlagen-Lassen.

Dies ist dann wirklich eine Gebetserfahrung. Und wenn es uns gelingt, sie öffentlich, gemeinsam zu machen, wenn wir nicht bloße Gesten vollziehen, sondern uns voll hineingeben, dann erfahren wir immer mehr, daß wir im Gebet von Gott gepackt werden. Wir sind dann beim Beten nicht mehr an uns selbst, an unsere Ideen, unsere Stimmungen gefesselt, die wir in einer Darstellung, die endlos dauern kann, Gott vorführen. All dies hat überhaupt keinen Wert, wenn ich mich nicht in seine Hände lege, mich nicht seiner Macht ergebe.

Bitten wir also den Herrn, uns mit seiner Macht zu packen, uns beten zu lehren, weil wir nicht zu beten wissen. Der Herr gebe uns jene Geistesfülle, die uns aus uns hinausreißt und uns im Gebet den Tod, d.h. das Herausgehen aus uns erleben läßt. Unser Gebet werde der Moment, worin wir uns ganz Gott übergeben.

Der Besuch Jesu bei Marta und Maria

Herr Jesus, du kennst uns. Du kennst unser Inneres. Du siehst die Sorgen und Ängste, die das tägliche Leben, der Kontakt mit den Menschen, den Problemen und Situationen bei jedem von uns hervorbringt.

Laß uns, Herr, uns selbst so kennen, wie du uns kennst und durchschaust. Laß uns von deinem Wort her uns selbst erkennen, den Wurzelgrund unserer Sorgen und auch die Nichtigkeit vieler unserer Besorgnisse. Mach, daß wir uns von deinem Wort erkannt und erklärt fühlen, damit wir uns auch von dir geliebt und von deiner Wahrheit umgestaltet verspüren, die für uns Heil und Erbarmen ist.

Jungfrau Maria, du hast es verstanden, selbst in den dramatischsten Lebenssituationen im Frieden zu leben; laß uns erleuchtet werden durch das Licht, das dem Hören auf das Gotteswort entströmt, und in uns den Quell des Friedens finden.

Wenn wir auf die Erziehung und Formung des Jüngers achten, die im zweiten Teil des Lukasevangeliums erfolgt, so scheinen mir die Herzensfreiheit und Gelöstheit besonders hervorzutreten.

Deshalb wollen wir uns einer Episode zuwenden, die wir zu meditieren und als einen der Momente dieser Erziehung zu verstehen haben: die Szene des Besuchs Jesu bei Marta und Maria (Lk 10,38–42). Zu dieser Episode können wir, falls wir diese Besinnung weiterführen möchten, die damit zusammenhängenden Worte Jesu in Lk 12,22–34 hinzufügen.

Wir wollen uns also mit Marta und Maria nun in die Schule Jesu begeben.

Beachten wir zunächst den großartigen Zusammenhang, in dem diese Episode steht: Vorher lobpreist Jesus den Vater, den Herrn des Himmels und der Erde, weil er dies den Weisen und Klugen dieser Welt verborgen und denen geoffenbart hat, die nicht einmal des Sprechens fähig sind. Dann folgt das Gleichnis vom guten Samariter, nachher unsere Szene und gleich darauf das Vaterunser. Diese Szene ist wie ein Edelstein, der in andere Edelsteine gefaßt ist. In ihrem äußeren Ablauf ist die Episode sehr einfach. Suchen wir sie also Wort für Wort auszudeuten.

Jesus geht in ein Dorf und wird von Marta in ihr Haus aufgenommen. Während Marta arbeitet, hört Maria ihm zu, bis der Moment kommt, wo Marta sozusagen der Kragen platzt und Jesus ihr zuspricht. Dies ist die höchst einfache Struktur der Episode.

Welcher Text von Ignatius kann dazu dienen, uns das „id quod volo" dieser Episode, das, was sie für uns besagen will, zu bestimmen? Wie mir scheint, besteht es darin, daß wir unsere nichtigen Besorgnisse erkennen und vom Wort des Herrn, von seinem Licht davon geheilt werden. Als Text des Ignatius möchte ich Nr. 172 der „Geistlichen Übungen" und zwar Punkt 3 anführen, worin es darum geht, die Gegenstände der zu treffenden Wahl zu erkennen. Ignatius sagt, eine Wahl, die aus ungeordneten Anhänglichkeiten heraus getroffen werde, könne keine göttliche Berufung sein, „denn jede göttliche Berufung ist stets lauter und durchsichtig, ohne Beimischung des Fleisches oder irgendeiner andern ungeordneten Neigung".

Um uns auf einen Entscheid vorzubereiten, müssen wir uns also frei fühlen. Wenn wir merken, daß wir nicht lauter sind, befinden wir uns nicht in der richtigen Verfassung, um eine Wahl zu treffen, und müssen darum beten, daß wir in den entsprechenden, inneren Zustand versetzt werden.

Wenn wir die Bedeutung für uns, das „id quod volo" genauer bestimmen wollen, können wir uns den Grundsatz Nr. 1 in Erinnerung rufen, der für die geistlichen Übungen grundlegend ist: Man hat „die Seele vorzubereiten ..., also ungeordnete Neigungen von sich zu entfernen, und nachdem sie abgelegt sind, den göttlichen Willen zu suchen und zu finden ..." Dieser Vorsatz ist gewiß nicht so zu verstehen, daß man in der ersten Exerzitienwoche alle ungeordneten Neigungen entfernt und in der zweiten nach dem Willen Gottes sucht. Auch in der zweiten Woche sucht man dadurch nach dem Willen Gottes, daß man die ungeordneten Neigungen bekämpft; beides geht Hand in Hand. Der Wille Gottes tritt nicht da hervor, wo wir diese Neigungen abzulegen suchen, sondern da, wo wir uns bereiten und der Gnade Gottes öffnen, die sie von uns nimmt. Somit würde ich die Frucht, die Bitte dieser Meditation in die Worte fassen: „Herr, laß mich erkennen, daß nichtige Sorgen mich durch den ganzen Tag hindurch verfolgen. Mache mich bereit für die Befreiung, die du mir anbietest, und laß mich zur Herzensfreiheit und Gelöstheit gelangen!"

1. Auf das Neue, Unerwartete zugehen

Wie es eingangs der Episode heißt, zieht Jesus des Weges und kommt dabei in ein Dorf, in einen nicht ge-
nannten Weiler. Bedenken wir, daß er nicht allein, sondern gemeinsam mit anderen dahinwandert: „Sie zogen
zusammen weiter, und er kam in ein Dorf."

Es fällt auf, wie hier das Dahinwandern Jesu, sein Da-
hinziehen betont wird.

Diese Einzelheit interessiert hier Lukas vor allem deswegen, weil Jesus nach Jerusalem hinaufzieht. Gleichwohl ist dieses Dahinwandern Jesu auch für sich genommen aufschlußreich. Die Rabbis zogen zumeist
nicht des Weges, sondern waren an einem Ort seßhaft;
die Leute kamen zu ihnen und bildeten um sie eine
Schule. Jesus hingegen wandert umher und geht den
Leuten nach. Bei diesem Wandern hat Jesus vor allem
die Mühe auf sich genommen, immer wieder vor neuen
Situationen zu stehen, immer wieder in einem anderen
Milieu neu zu beginnen und deshalb nie genau zu wissen, was auf ihn wartet.

Jedesmal, wenn wir in eine neue Umgebung kommen, fragen wir uns: „Wie wird man mich aufnehmen?
Wie wird sich die Einfügung in ein Milieu abspielen.
Wie wird dieser Vorgang sein, zu dem es jedesmal
kommt, wenn man in eine neue Gruppe eintritt, und
der sich als sehr wechselvoll erweisen kann." Es mag
vorkommen, daß man uns, wie Jesus in einem Samariterdorf, nicht aufnimmt. Dieser Vorgang kann ganz besonders denen zu schaffen machen, die von Amtes wegen oft vor einer neuen Gemeinschaft, einer neuen
Umgebung, einer neuen Gruppe stehen. Dieses Proviso-
rische entwurzelt, denn kaum hat man mit Mühe einander kennengelernt, muß man nach einigen Tagen,

wenn man einen gewissen Widerhall zu finden beginnt, wieder aufbrechen und ins Unbekannte vorstoßen, auch wenn dies nicht so gefährlich ist wie für Jesus im Samariterdorf. Gleichwohl ist es immer eine neue Situation, ein neues Milieu, und all das kann, besonders in einem gewissen Alter, zu schaffen machen.

Unser Reisen, das nicht einfach ein Umherreisen zwischen Orten ist, sondern im Mut besteht, uns neuen, anderen Situationen, einer abweisenden Umgebung zu stellen, ist ein Teilnehmen am Reisen Jesu, der nie wußte, wie es am nächsten Tag gehe, wie er aufgenommen werde. Und dieses Reisen – der Text sagt: „Sie zogen zusammen weiter" – ist ein gemeinsames Reisen, ein gruppenweises Wandern, um Zeugnis abzulegen. Franz von Assisi, der mit seinen Gefährten gruppenweise umherwanderte, hat diese konkrete Art und Weise des Immer-weiter-Gehens Jesu am besten gelernt. Die Ankunft einer Gruppe weckte Interesse, Begeisterung, erregte Aufmerksamkeit und wurde damit sogleich zu einem Zeugnis … Allein schon das Bestehen einer Gruppe, einer so schutzlosen und doch so frohen Gruppe von Leuten, die miteinander wanderten und von Gott sprachen, löste im Dorf, in das sie kamen, sogleich eine erwartungsvolle Erregung aus.

Jesus betritt also ein Dorf, das nicht genannt wird, und in diesem Dorf nimmt ihn eine Frau namens Marta in ihr Haus auf. Hier bemerken wir, wie in diesem Bericht alles ungewöhnlich, alles unerwartet ist, denn es ist doch ein wenig überraschend, daß ihn eine Frau einlädt. Wenn es sich um eine Familie handelt, ist es zumeist der Familienvater, der Jesus aufnimmt. Hier stehen wir vor einem ein wenig seltenen Fall: eine Frau lädt ihn ein und zwar eine Frau, von der man sozusagen nichts weiß, außer daß sie noch eine Schwester hat.

Zwar finden sich im Alten Testament ähnliche Fälle (beispielsweise ist Elischa von einer Witwe beherbergt worden, aber die Situation ist klarer und die Witwe und ihr Sohn werden namentlich genannt). Hier liegt eine gewisse Kühnheit darin, daß Jesus die Gastfreundschaft dieser Frau annimmt, denn dies entspricht den damaligen Sitten und Bräuchen nicht. Zwar wird Jesus mitsamt den Zwölfen aufgenommen, weil es zu Beginn des Abschnitts heißt, sie seien zusammen des Weges gezogen; doch in der Szene selbst verschwinden die Jünger und sind nur noch Jesus, Marta und Maria da. Bewundern wir diesen Mut Jesu, einer Frau das Wort zu schenken und sein Wort zu verkünden, denn darin liegt soviel Neues und Überraschendes für seine Zeitgenossen, und vor allem bringt er in dieser Geste seine apostolische Freiheit zum Ausdruck.

Diese Frau lädt ihn also in ihr Haus ein und Jesus nimmt die Gastfreundschaft an. Wir finden hier die Freiheit und Unbesorgtheit, die er seinen Aposteln und den zweiundsiebzig Jüngern in Lk 10, 5–7 empfiehlt: „Wenn ihr in ein Haus kommt, so sagt als Erstes: Friede diesem Haus! Und wenn dort ein Mann des Friedens wohnt, wird der Friede, den ihr ihm wünscht, auf ihm ruhen; andernfalls wird er zu euch zurückkehren. Bleibt in diesem Haus, eßt und trinkt, was man euch anbietet ..." Jesus praktiziert diesen für ihn typischen Stil der persönlichen apostolischen Annäherung, der für damals ganz neu und keineswegs der Stil der Rabbis war. Dieser Stil mochte vielleicht an die alte prophetische Tradition erinnern, aber es gab keine Propheten mehr. Jesus führt also einen Typus der Beziehung zu den Familien, zu den einzelnen Menschen ein, der über die rabbinische Tradition hinausgeht.

2. Marta und Maria

Blicken wir nun auf Marta und ihre Schwester Maria. Wahrscheinlich ist Marta als die Hausherrin die ältere Schwester und Maria die jüngere. Dies läßt sich auch daraus ersehen, wie sich dann die ältere Schwester an sie wendet. Was tut Maria? In Vers 39 wird sie klar als eine Jüngerin Jesu vorgestellt. Es ist dies die vielleicht einzige anschauliche Schilderung, wie ein Mensch auch schon äußerlich Jesus zuhört. Für gewöhnlich wird in den Evangelien geschildert, wie Jesus spricht; manchmal ist von Leuten die Rede, welche die Augen auf Jesus gerichtet halten, z.B. in der Synagoge. Hier aber haben wir mehr; es wird genau beschrieben, wie sich Maria verhält: sie „setzte sich dem Herrn zu Füßen und hörte seinen Worten zu". Es wird hier nicht geschildert, wie der Herr spricht, sondern wie die Jüngerin zuhört. Dies ist eine neue Szene, und das Augenmerk wird auf die Jüngerin verlegt, die sich ruhig Jesus zu Füßen setzt. Sie steht also nicht bloß auf der Türschwelle und hört stehend zu, sondern sie setzt sich wie jemand, dem es nicht eilt und der alles andere vergißt, während Jesus wahrscheinlich auf einem Schemel sitzt, den man ihm hingestellt hat. In der Art und Weise, wie diese Szene geschildert wird, in der Imperfektform des Zuhörens („Sie hörte ihm zu", was eine Dauer ausdrückt) schimmert eine große Ruhe und Gelassenheit durch. Es gibt nichts anderes mehr als dieses Reden und Zuhören, als diese gnadenvolle Beziehung.

Das Gegenstück zu dieser Ruhe bildet die Szene, die unmittelbar darauf folgt: Marta erscheint als Gegensatz zu Maria. Während Maria ruhig, wortlos zu Füßen des Herrn sitzt, ist „Marta ganz davon in Anspruch genommen, für ihn zu sorgen".

Lukas verwendet in diesem Abschnitt viele neue Wörter. Schon Marta ist ein Name, der sich sonst in der Bibel nicht findet und der folglich auf genau diese Situation bezogen ist. Das griechische Verb, mit dem gesagt wird, daß Maria zu Füßen Jesu sitzt, kommt im Neuen Testament hier zum ersten und einzigen Mal vor, wie auch das Zeitwort, das die Bemerkung Martas zum Ausdruck bringt, einzig hier vorkommt und schwer zu übersetzen ist. Man könnte sagen, Marta sei ganz gespannt, ganz aufgeregt gewesen, und dies wird noch durch den Ausdruck verstärkt „für ihn zu sorgen". Versetzen wir uns also vor die aufgeregte Marta und fragen wir uns, weshalb sie dermaßen erregt ist. Marta will der Situation ganz gewachsen sein: Der Meister ist mit seinen Jüngern in ihr Haus gekommen – eine einzigartige Gelegenheit, zu zeigen, was alles sie zu bereiten weiß, wie gut in ihrem Haus für Gäste gesorgt wird, wie sie in diesen Dingen auf der Höhe ist.

Doch warum deutet Marta die Situation so? Ist denn Jesus zu einem guten Mittagessen in ihr Haus gekommen? Was meint sie, daß er von ihr erwartet? Wir sehen hier klar, daß sie sich etwas ganz Falsches einbildet, als habe Jesus ihr Haus deswegen ausgewählt, weil man da besser esse als anderswo. Darum die bange Frage: „Wie werde ich es in so kurzer Zeit und ohne Hilfe schaffen, alles gut zu bereiten?" Und weiter: „Dies fehlt, und das ist nicht da; man muß noch das und das kaufen; wenn man es nur früher gewußt hätte ..."

Sehen wir, wie die Situation falsch ausgelegt wird: Jesus ist gekommen, um diesem Haus den Frieden zu bringen, und statt dessen kommt es darin zu Aufgeregtheit und Angst. So klein sie auch sein mag, wurzelt diese Angst doch darin, daß wir uns um Nichtigkeiten Sorge machen können. Daß die gute Frau eine Situation falsch aufgefaßt und sich in Sorge gestürzt hat, schafft weiteres Ungemach. Marta verliert den Kopf wegen Dummheiten; sie verkennt völlig den Zweck des Kommens Jesu, schreibt ihm Wünsche zu, die Jesus im Grunde nie gehabt hat, und bemüht sich, diese Wünsche zu erfüllen, die im Grunde nur das Spiegelbild ihrer selbst und ihres Ehrgeizes sind. Und was geschieht? Marta verliert den Kopf und mischt sich ein (Vers 40).

Um dies zu sagen, verwendet Lukas den gleichen Ausdruck wie in Kapitel 4 der Apostelgeschichte, wo es heißt: Als die Apostel die Auferstehung verkündeten, konnten die Sadduzäer nicht mehr an sich halten; sie wurden aufgebracht, mischten sich ein und warfen sich in die Diskussion. Marta wird so zur Ursache einer ganzen Reihe von Irrtümern; nicht nur sie selbst ist aufgeregt, sondern sie beginnt, ihre Aufregung auf andere zu übertragen. Was hätte Marta tun können? Sie hätte, wenn sie ruhiger gewesen wäre, Maria rufen und sie, ohne jemand in Verlegenheit zu bringen, bitten können, ihr zu helfen. Statt dessen behält sie ihre Angst für sich und diese wächst und wächst und bringt sie schließlich zum Platzen. Deswegen tritt sie ganz verfehlt auf die Bühne. Statt daß sie sich an Maria wendet und zu ihr sagt: „Komm und hilf mir!", wendet sie sich vorwurfsvoll an den Herrn. So wird die ganze Situation verkehrt: der, der aufgenommen werden sollte (den sie mit allen Ehren aufnehmen wollte), wird nun gescholten. „Herr, kümmert es dich nicht ...?" – ein sehr hartes Wort, das gleiche, das nach dem griechischen Text die Apostel beim Sturm auf dem See an Jesus richten: „Kümmert es dich nicht, daß wir zugrunde gehen?" (Mk 4, 38). Marta kommt sich wie in einem Sturm vor, denn sie meint, der gute Ruf ihres Hauses sei nun dahin.

Das gleiche Wort verwendet Jesus in Joh 10, 13 für

den Tagelöhner, der sich um die Schafe nicht kümmert, und es wird in Apg 18,17 für den Skeptiker Gallio gebraucht: er „kümmerte sich nicht darum", daß sie einander verprügelten.

Jesus wird also von jemand gescholten, der die Situation nicht zu erfassen weiß. Er hat ein Haus betreten und bringt Verwirrung und Aufregung hinein. „Kümmert es dich nicht?" Vielleicht liegt in diesem häßlichen Wort noch eine weitere Nuance, die wir so ausdrücken könnten: „Meister, du lehrst doch die Nächstenliebe; warum setzt du sie jetzt nicht in die Tat um? Du lehrst, daß wir einander helfen sollen, und siehst nicht, wie Maria mich im Stich läßt?" In welch plumpe Situation bringt Marta diese anfängliche Besorgnis, der Wunsch, gut dazustehen, Erfolg zu haben. Dieser Satz, ein Meisterwerk der Psychologie, ist ein direkter Anruf an den Herrn und hat bei Marta einen ganz pathetischen Ton: „Ich bin im Stich gelassen, alles liegt auf meinen Schultern, und diese Schwester hilft mir nicht." Vielleicht sind es auch aufgestaute Ressentiments von früher, die aufbrechen. Der Satz gleicht 2 Tim 4,11, wo Paulus sagt, nur Lukas sei bei ihm geblieben und alle anderen hätten ihn im Stich gelassen. Hier hat sich also eine Frau ins Zentrum der Aufmerksamkeit gestellt und kommt sich dann als Opfer der Situation vor. Und Jesus wird getadelt, weil er für die Martyriumssituation der armen Marta kein Verständnis aufbringe. Und nicht genug damit: Marta hält nun Jesus eine Predigt und sagt ihm, was er zu tun habe.

Vielleicht ist dies das einzige Mal im Evangelium, daß man Jesus eine Predigt hält. In Kana macht Maria demütig Jesus aufmerksam: „Sie haben keinen Wein mehr", aber sie entscheidet nicht, was er tun soll, sondern sagt ihm bloß, wie es sich verhält. Hier hingegen wird Jesus geradezu in den Mund gelegt, was er zu Maria sagen soll: „Sag ihr doch, sie soll mir helfen!" Dieses Zeitwort wird hier nicht zum ersten Mal im Neuen Testament verwendet; es ist im Griechischen ein bedeutungsreiches Verb, das sich auch in Lk 1, 54 findet: „Er nimmt sich seines Knechtes Israel an" und ebenfalls in Apg 20, 35: „Man muß sich der Schwachen annehmen."

Das Wort hat den Sinn „sich jemandes annehmen". Marta will also sagen: „Meine Schwester hat kein Herz. Sie läßt mich im Stich, und du mußt ihr jetzt sagen, sie soll sich meiner annehmen und meine Großmut, meine Güte, meine Hingabe teilen." Damit ist die Situation nun völlig verdreht: Marta ist ein Muster von Güte, von Hingabe; die Schwester hingegen ist eine herzlose, faule und gleichgültige Person; Jesus ist ein Lehrer, der ermahnt wird, sich etwas mehr an das zu halten, was er lehrt.

3. Sich nicht ängstlich sorgen

Verweilen wir noch ein wenig bei diesen Worten, bei diesem Losplatzen Martas, weil mir darin geradezu ein Beispiel einer zerstörerischen Reaktion vorzuliegen scheint. Marta verspürte in sich Unbehagen und Ärger, vielleicht auch körperliche Müdigkeit, und litt darunter, nicht auf der Höhe zu sein. Was wäre nun die richtige Reaktion gewesen? Natürlich die, zu der Wahrheit zu stehen und zu der Schwester zu sagen: „Schau, ich bin in Schwierigkeiten", oder zum Herrn zu sagen: „Es tut mir leid, ich weiß nicht, ob ich alles schaffe, was ich mir vorgenommen habe, denn ich bin hier allein." Dann hätte sich die Situation geklärt. Der Herr hätte ihr viel leichter das Richtige beibringen können, und dieser Zornesausbruch wäre vermieden worden.

Während die richtige Reaktion darin besteht, das, was man empfindet, aufrichtig zu äußern, wird die Reaktion zerstörerisch, wenn man es in einem Angriff auf den anderen äußert. Statt daß man die unbehagliche Situation zum Ausdruck bringt und sie klärt, greift man einen anderen Menschen an, greift man alle anderen an. Zwar drückt man die eigenen Gefühle aus, aber auf zerstörerische Art, weil man nicht das eigentliche Problem an den Tag zu bringen, sondern die Schuld an allem auf andere abzuschieben sucht.

Versetzen wir uns nun an die Stelle Jesu. Wie hätten wir geantwortet? Wie antworten wir, wenn wir uns von einer verärgerten Person angegriffen fühlen, die uns die Schuld an dem zuschiebt, was passiert? Wir können auf verschiedene Weisen reagieren. Es gibt beispielsweise das Verhalten, das vielfach den Angestellten der Luftfahrtgesellschaften beigebracht wird, für die der Kunde immer recht hat. Das Gespräch beginnt damit, daß man sagt: „Ja, sie haben völlig recht." Auch viele Oberen machen dies so: „Ja, Sie haben vollkommen recht; ich werde alles, was Sie mir sagen, prüfen." Dies ist eine erste Form, wie man reagieren könnte. Jesus könnte antworten: „Ich begreife deine Lage. Du bist aufgebracht; ich verstehe das." Dies wäre eine gutmütige Art, auf die Sache einzugehen.

Doch wie antwortet Jesus? Auch hierin überrascht er. Merken wir uns die Wiederholung: „Marta, Marta!" Wir werden später auf einen anderen Fall stoßen, wo die Namenswiederholung ebenso ausdrucksvoll ist. Was liegt hinter diesen Worten Jesu? Der ganze Ernst der Situation, so, als ob Jesus sagen würde: „Hier haben wir es mit einem ernsten Problem zu tun. Es geht nicht nur um eine Frage der Küche, um Platten, die nicht hergerichtet werden, um verkochten Reis." Es wird an den

Ernst der Situation erinnert, doch schwingt in dieser Nennung der Person auch viel Liebe mit. Darin, daß man eine Person beim Namen nennt, liegt stets eine unmittelbare Teilnahme, und ihn zweimal nennen tönt wie ein Anruf an die Person. Es liegt somit der Ton des Verstehens darin, doch das Wort, das gesagt wird, ist ein Wort der Wahrheit, der Befreiung. Statt von einer langen Beurteilung der Gründe auszugehen, die Marta hat, sagt ihr Jesus direkt, daß ihre Sicht der Situation falsch ist, daß sie alles verkehrt ansieht: „Du sorgst und mühst dich um so viele Dinge." Die beiden Verben sind ausdrucksstark. Das erste können wir bei Lk 12,22.25–26 finden, wo es sich um quälende nichtige Sorgen handelt: „Sorgt euch nicht um euer Leben und darum, daß ihr etwas zu essen habt, noch um euren Leib und darum, daß ihr etwas anzuziehen habt ... Wer von euch kann mit all seiner Sorge sein Leben auch nur um eine kleine Zeitspanne verlängern? Wenn ihr nicht einmal etwas so Geringes könnt, warum macht ihr euch dann Sorge um alles übrige?" Der Ausdruck hat einen weiten Sinn und besagt eine überflüssige, ängstliche Sorge.

Hier könnten wir uns fragen und den Herrn bitten, uns einsehen zu lassen, wie viele vergebliche, ängstliche Sorgen wir uns in unserem Alltagsleben machen.

Das zweite Verb „sich mühen" ist ebenfalls ein starker Ausdruck. Das betreffende griechische Verb kommt nur im Neuen Testament vor, im Zusammenhang mit einem Aufruhr, einer Unruhe, wie in Apg 17,5: „Die Juden ... brachten die Stadt in Aufruhr", und in Apg 20,10 bezeichnet es die Bestürzung darüber, daß Eutychus aus dem dritten Stock hinunterfiel. Anhand der angeführten Beispiele könnte man die Worte an Marta mit „Warum regst du dich so furchtbar auf?" wiedergeben, was auf den Schrecken und die Erregung aus Angst vor einem Übel hindeutet; man befürchtet etwas Schlimmes, man erschrickt darüber und will reagieren.

Jesus analysiert hier eine sehr verwickelte menschliche Situation. Nicht nur Marta wird liebevoll angesprochen, sondern auch jeder von uns mit unseren ängstlichen Sorgen und all unseren Mühen, die wir für notwendig halten. Selbstverständlich könnten auch wir mit Marta antworten: „Wie sollte ich mich nicht um das sorgen und um jenes kümmern?" Der Herr sagt, daß diese Sorgen müßig sind, aber natürlich wehrt sich die betreffende Person und sucht dies zu bestreiten ...

4. Was allein notwendig ist

Nachdem Jesus die überspannte, unnötige Sorge getadelt hat, die man sich aus Angst vor etwas Schlimmem, das man befürchtet, aber das gar nicht da ist, macht, gibt er wieder eine positive Antwort. Diese positive Antwort wird jedoch leider von den Handschriften nicht gleicherweise wiedergegeben; diese gehen in diesem Punkt weit auseinander, was darauf schließen läßt, daß die Stelle nicht leicht zu deuten ist.

Die eine Gruppe von Handschriften sagt: „Nur eines ist notwendig." Andere Textzeugen sagen: „Wenig ist notwendig"; wieder andere lassen den ganzen positiven Teil weg. Hier können wir uns natürlich nicht auf Textkritik einlassen, um darzulegen, welche Gründe für die eine und welche für die andere Version sprechen. Wahrscheinlich lautet die älteste Fassung: „Nur eines ist notwendig." Was ist damit gemeint? Einige Schriftausleger beziehen dies auf das Essen: „Ein einziges Gericht genügt, es braucht nicht so viele Gänge."

Oder auch: „Es braucht nicht viel; ich begnüge mich mit wenig; mach dir keine Sorgen!"

Doch offensichtlich handelt es sich um etwas Bedeutungsvolleres. Da wir diesen Satz nicht pressen dürfen, weil er ein wenig allgemein gehalten ist, müssen wir ihn vom Folgenden her erklären: „Maria hat den besseren Teil erwählt, der soll ihr nicht genommen werden." Auch dieser Satz ist recht geheimnisvoll; was will er besagen? Gewiß nicht den besseren Teil des Essens; Jesus spricht von etwas anderem.

Die erste Antwort, die einem einfällt, ist das Hören: Maria sucht zuzuhören; das Hören auf das Wort Jesu ist das Bessere. Somit würde die Episode die aufgeregte Besorgtheit Martas, wegen der sie nicht zuhören kann, in Gegensatz stellen zu der Ruhe derer, die zum Hören bereit ist, und damit zieht man aus der Episode meines Erachtens eine gute Lehre. Sie entspricht in diesem Fall ein wenig dem Gleichnis vom Sämann: die Dornen, d.h. die Sorgen dieser Welt ersticken das Gotteswort. Wer sich Sorgen macht, verliert das Bessere, nämlich das Hören auf das Wort Gottes. Er hält sich für tapfer, wie er sich da plagt, aber in Wirklichkeit bringt er sich um die Hauptsache.

Vielleicht aber kann man in der Episode noch mehr finden. Jesus wird wieder weggehen und Maria wird ihm dann nicht mehr zuhören können. Also geht auch das Hören nicht endlos weiter; darum kann man das Hören nicht als das bezeichnen, was nicht genommen wird. Zwar ist es das Bessere, aber wird es denn nicht genommen werden? Ich habe überlegt, was dieser bessere Teil – nach dem griechischen Text dieser gute Teil – ist. Vielleicht haben wir hier eine Anspielung auf das Mahl, auf eine gute Portion. Als ich über dieses Wort „Teil", „Portion" nachdachte, kam mir Apg 8, 21 in den

Sinn, wo der Ausdruck verwendet wird, um den Anteil an der Gabe Gottes zu bezeichnen. Als Petrus Simon den Magier tadelte, sagte er: „Du hast weder einen Anteil daran noch ein Recht darauf, denn dein Herz ist nicht aufrichtig vor Gott." Hier ist der „Anteil" also auf die Charismen bezogen, die mit der Evangelisierung zusammenhängen. Petrus trägt diese Gaben in sich, hat sie zum Anteil und Erbe erhalten; hier hängt „Anteil" mit „Erbe" zusammen. Und man könnte wohl auch Kol 1,12 anführen, wo der gleiche Ausdruck die Gabe Gottes bezeichnet und wo dem Vater gedankt wird, weil er uns „fähig gemacht hat, Anteil zu haben am Los der Heiligen, die im Licht sind".

Die wertvollste Gabe Gottes ist Gott selbst, der sich schenkt, Gott selbst, der sich persönlich in seinem innersten Leben offenbart und unser Licht, unsere Herrlichkeit ist. Dieser Gott hat uns aus dem Reich der Finsternis befreit und in das Reich seines Sohnes, in das Reich der Liebe versetzt. Und darum ist wohl das Wort „Teil" dem Geist des Lukas entsprechend in engem Zusammenhang mit dem Erbteil zu deuten, von dem Psalm 15 (16) spricht. Dies scheint mir die beste Auslegung des Satzes: „Maria hat sich den besseren Teil erwählt":

> „Du, Herr, bist mein Erbteil (der Teil, der mir durch das Los zugefallen ist),
> und der Becher in deinen Händen ist mein Leben.
> Auf schönem Land fiel mir mein Anteil zu.
> Ja, mein Erbe gefällt mir gut ...
> Ich habe den Herrn beständig vor Augen.
> Er steht mir zur Rechten, ich wanke nicht.
> Darum freut sich mein Herz und frohlockt meine Seele;
> auch mein Leib wird wohnen in Sicherheit.

Denn du gibst mich nicht der Unterwelt preis;
du läßt deinen Frommen das Grab nicht schauen"

(dieser Anteil wird also nie genommen werden, weil er
im Leben des Herrn besteht, das im Hören auf sein
Wort aufgenommen wird)

„Du zeigst mir den Pfad zum Leben.
Vor deinem Angesicht herrscht Freude in Fülle,
zu deiner Rechten Wonne für alle Zeit" (Ps 15 [16]
5–6.8–11).

Dies also ist der Teil, der nie genommen werden wird.
Er besteht im kontemplativen Zuhören, worin der Herr
sich schenkt und empfangen wird als liebende Gabe
und Teilhabe an seinem Leben. Wer hat diese liebende
Gabe gewählt? Der, der sich dazu entschieden hat, eine
gute Position zu verschmähen, wer z. B. sich nicht zur
Geltung bringen, gut dastehen, als Gastgeber glänzen
will, der, der all das hinter sich getan hat (auch wenn es
gut sein mag, aber es ist eben doch mit ängstlichen und
eigentlich überflüssigen Sorgen verbunden), wer Christus aufgenommen hat, wie er ist, als Gabe. Jesus kam
in dieses Haus nicht zu einem Essen, sondern um sich
zur Speise zu geben, um liebevoll aufgenommen zu
werden und das Herz dessen zu erfüllen, der den Sinn
seiner Gegenwart versteht. Maria hat die Situation erfaßt und ist darum von seiner Gegenwart erfüllt worden.

Das Mahl von Betanien wird ein Ende haben, das
Kompliment für das gute Essen wird ein Ende haben,
aber die Maria geschenkte Gegenwart Christi wird bleiben. Was hat ihr dies ermöglicht? Der Mut, über das,
was sich praktisch nahelegte, hinwegzugehen, der Mut,
die Situation zu verstehen, die nicht einfach ein formel-

ler Empfang, sondern eine Gegenwart des Herrn sein wollte.

Ich glaube, das gibt uns viel zu denken. Wenn wir außer Atem sind, weil ein Telefonanruf den anderen jagt, jemand uns etwas sagen muß, ein anderer auf uns wartet, lassen wir uns von Hektik einfangen. Uns plagt die Angst, dieser oder jener Situation nicht gewachsen zu sein. Dann sagt der Herr zu uns: „Wofür bist du eigentlich da? Was ist wirklich wichtig? Was wollen die Leute im Grunde von dir? Warum hast du nicht den Mut, den Menschen das zu geben, was sie eigentlich von dir wollen, und nicht das, was sie zu wollen scheinen, warum hast du nicht den Mut, zu gewissen Scheinbitten nein zu sagen, um zu den eigentlichen Bitten ja zu sagen?" Dies wäre eine wichtige Aszese des täglichen Lebens, und sie würde eine große Gelöstheit des Herzens auch in kleinen Dingen verlangen.

In diesem Licht können wir Lk 12,22–32 lesen: die Lösung von den Sorgen. Dieser Abschnitt scheint den Verzicht auf den Besitz zu verlangen, läßt uns aber ersehen, daß der Verzicht auf die Sorgen viel mehr ist als der Verzicht auf den Besitz. Es ist leichter, auf den Besitz zu verzichten, sich arm zu machen, als auf die eigenen Sorgen zu verzichten, denn die Sorgen sind viel mehr mit unserem Ich verbunden als der Besitz – denken wir an unser Bestreben, nur ja nicht übergangen zu werden, nicht aus dem Sattel geworfen zu werden, nicht als unfähig zu gelten. In unseren Sorgen kommt unser tiefstes Ich zum Ausdruck und darum verzichten wir leichter auf alles andere als auf sie. Unsere Ängste sind unser letzter Besitz, der, an dem wir am meisten hängen und der uns die raffiniertesten Fallen stellt. L. Lallemant sagte in seiner geistlichen Lehre, nach der Sünde behindere nichts den geistlichen Fortschritt so sehr wie die Angst, nicht in einer bestimmten Zeit ein bestimmtes Ziel zu erreichen. Wenn er, der eine große Erfahrung hatte, dies sagte, dann muß wirklich hier eine ganz starke Wurzel unserer inneren Versklavung sein, die sich in jedem Augenblick bemerkbar macht – vielleicht mehr den anderen als uns selbst. Bitten wir also den Herrn, uns den Wurzelgrund unserer Versklavungen erblicken zu lassen und zwar nicht durch Überlegungen, sondern durch seine Gegenwart.

Er befreit uns, wenn wir zu ihm schreien: „Herr, befreie uns! Befreie uns von unseren nichtigen Sorgen, die uns hindern, das zu tun, was du und die anderen im Grunde von uns erwarten." Und da wir alle uns in dieser Situation befinden, wollen wir im Gebet des Herrn darum bitten, daß er uns hilft und uns befreit.

Jesus zwischen Erfolg und Unverständnis

Herr Jesus, du gehst aus Liebe zu uns dem Leiden entgegen. Mach, daß wir uns an dich ziehen lassen, um dir dorthin zu folgen, wohin du uns führen willst.

Als Einleitung lesen wir in den „Geistlichen Übungen" des Ignatius folgende Stellen:

„Ich bitte um das, was ich begehre: hier soll es Schmerz, Ergriffenheit und Beschämung sein, weil meiner Sünden wegen der Herr zum Leiden geht" (Nr. 193).

„Erwägen, wie Er alles dieses meiner Sünden wegen leidet usw., und was ich für Ihn tun und leiden soll" (Nr. 197).

Wir setzen unsere Begegnung mit Jesus fort. Er bleibt sich selber treu und führt die Linie seines öffentlichen Lebens weiter. Er gibt sich hin, überläßt sich, schenkt sich als wehrloses Wort der Frohbotschaft. Wir nehmen dieses Wort oft berechnend und mißtrauisch auf, können es auch zurückweisen, und Jesus läßt sich von uns zurückweisen.

Betrachten wir die drei Leidensankündigungen bei Lukas: die erste in Lk 9,18–23; die zweite in Lk 9,43–45; die dritte in Lk 18,31–34.

Jesus steht zwischen Erfolg und Unverständnis, er stößt auf Zustimmung und Ablehnung, doch die Ablehnung spitzt sich immer mehr zu, besonders bei denen, die ihn eigentlich besser kennen sollten. Natürlich nehmen wir in unsere Meditation über den zwischen Erfolg und Unverständnis stehenden Jesus auch uns selbst hinein, haben wir es doch im Leben ebenfalls mit Anerkennung und Verkennung zu tun.

1. „Für wen haltet ihr mich"?

Da die erste Ankündigung die Szene in einen etwas weiteren Rahmen stellen will, schließt sie sich an das Messiasbekenntnis des Petrus an und beginnt mit Lk 9, 18. Jesus betet wieder einmal still für sich – Lukas verwendet von neuem seinen Lieblingsrahmen: Jesus im Gebet. Die Jünger treten zu ihm, und Jesus fragt sie: „Für wen halten mich die Leute?" Daß Jesus wissen will, was die Leute über ihn sagen, verwundert sie gewiß ein wenig. Offensichtlich handelt es sich um eine rhetorische Frage, mit der Jesus herausbekommen will, was in den Jüngern steckt. Nicht daß es Jesus gleichgültig gewesen wäre, was man von ihm sagt (und dies müssen wir uns vor Augen halten, wenn Jesus von den Verdemütigungen sprechen wird, die ihn treffen werden), denn er will Anklang finden. Er predigt nicht, um belächelt, sondern um angehört zu werden. Deshalb will er wissen, wie sein Wort bei den Leuten ankommt und was sie von ihm denken, für wen sie ihn halten: für einen Magier?, für einen wunderlichen Menschen?

Die Antwort lautet recht aufschlußreich positiv: Man halte ihn für Johannes den Täufer oder für Elija oder für einen der alten Propheten, der auferstanden sei. Die Antwort ist einigermaßen befriedigend, weil in ihr einige der Wesenszüge Jesu erfaßt sind:

– Johannes der Täufer: Also sieht das Volk Jesus als einen sittenstrengen Mann an, da er ganz anspruchslos lebt. Johannes der Täufer hatte dem König Herodes furchtlos sein Vergehen vorgehalten. Folglich achtet das Volk Jesus als einen mutigen Mann, der allen die Wahrheit sagt.

– Elija: Damit ist das gleiche gemeint. Elija war der mächtige Prophet, eine der größten Prophetengestalten. Er sprach im Namen Gottes, bot den Mächtigen und den Königen seiner Zeit die Stirne. Also gilt auch Jesus als ein mutiger Mann, der im Namen Gottes spricht und große Taten vollbringt.

– Ein Prophet, d.h. ein Sprecher Gottes. Das Volk sieht demnach richtig; es erfaßt, daß das Werk Gottes, das in den Propheten verkörpert war, in Jesus nun da ist, im Größten aller Propheten.

Jesus weiß, daß damit noch nicht alles über ihn gesagt ist, und fragt deshalb die Apostel, die vor ihm stehen: „Ihr aber, für wen haltet ihr mich?" Es ist eine Frage, die Mut erfordert, weil sie auf eine klare Beziehung abzielt. Oft haben wir nicht den Mut zu solchen Fragen, weil die Antworten enttäuschend sein könnten.

Petrus antwortet: Wir halten dich „für den Messias Gottes". Aus dem ganzen Evangelium erhellt, daß Petrus richtig geantwortet hat, denn schließlich ist Jesus nicht nur einer der Propheten, sondern der Inbegriff all dessen, was Gott verheißen hat. Jesus darf also zufrieden sein.

Doch Jesus verwirrt uns aufs neue und verlangt von den Aposteln streng, ja niemandem etwas davon zu sagen. Lukas verwendet hier das gleiche Wort, das er Jesus in den Mund legt, als dieser den bösen Geist anherrscht, kein Wort mehr zu sagen, sondern zu schweigen. Jesus ist also überaus erregt, und seine Bitte ist ein eigentliches Gebot. Was ist mit ihm los? Wie kann Jesus einerseits wollen, daß das Volk ihn nach und nach kennenlernt, und dann an einem gewissen Punkt den Rückzug antreten?

Jesus scheint die Erklärung in den nachfolgenden Worten zu geben: „Der Menschensohn muß vieles erleiden und von den Ältesten, den Hohenpriestern und den Schriftgelehrten verworfen werden; er wird getötet werden, aber am dritten Tag wird er auferstehen" (Lk 9, 22).

Die Bezeichnung „der Messias Gottes" rief sogleich ein ganzes Bündel lebhafter Messiaserwartungen auf den Plan. Sie weckte damals die Hoffnung, daß der Messias die Situation anpacken und die endgültige Lösung aller Probleme anbahnen werde. Man machte sich vom Messias, vom Gesalbten Gottes, ein bestimmtes Bild. Diesem stellt Jesus unverzüglich ein anderes Bild, ein ausgeprägtes Gegenbild entgegen: der Messias wird ein Leidensmann sein. Wie ist das möglich? Das ist das äußerst schwierige Problem, das sich den Aposteln, dem Judentum, den ersten Christen stellt.

Der Messias wird viel leiden müssen. Maßgebende Personen werden ihn verwerfen, nachdem sie ihn einem Scheinexamen unterworfen haben, das er nicht besteht.

Das ist ein furchtbarer Skandal, denn diese maßgebenden Personen sind sachkundig, sind an der Regierung, tragen die Verantwortung. Das Volk verläßt sich auf sie; alle einfachen Leute Israels stützen sich auf sie.

Und gerade diese Maßgeblichen werden Jesus verwerfen, sein Beglaubigungsschreiben nicht anerkennen, ihn nicht annehmen; das ist doch etwas Undenkbares. Die Jünger können diese Ablehnung nicht anders als bildlich verstehen, oder als Episode am Rande. Sie können nicht annehmen, daß dies das ganze Los Jesu sei und daß sein Schicksal darin gipfeln werde, daß man ihn ums Leben bringt.

Was besagt es dann für die Jünger, daß Jesus am dritten Tag auferstehen wird? Bei der üppigen figürlichen, prophetischen Redeweise jener Zeit stellte sich die Frage: Was bedeutet es, was meint Jesus damit, worauf bezieht er sich? In Anlehnung an die vorausgehende Meditation könnten wir dies vielleicht wie folgt verstehen: Jesus weint über Jerusalem, weint aber nicht nur, sondern stirbt für Jerusalem, gibt für es sein Leben hin. Doch auch dies können die Jünger noch nicht erfassen. Suchen wir zu verstehen, weshalb.

Bei Lukas sagt nach dieser Episode Jesus weiter: „Wer mein Jünger sein will, der verleugne sich selbst, nehme täglich sein Kreuz auf sich und folge mir nach" (9,23). Er nimmt hier die bildliche Redeweise wieder auf. Die Jünger können etwas davon verstehen, aber nur sehr oberflächlich; sie können es sich nicht zu eigen machen. Wie in den folgenden Sätzen, in denen davon die Rede ist, daß das christliche Leben ein Leben des Verzichts darstellt, will Jesus hier sagen, daß es keine Sendung gibt, ohne daß man mit hineinverwickelt ist, und das kann in extremen Fällen paradoxerweise so weit gehen, daß einem sogar die Möglichkeit genommen wird, seine Sendung auszuüben. Die Hand, die man darbietet, wird nicht nur zurückgewiesen, sondern abgehauen. Einen solchen Skandal löst die Selbsthingabe Jesu aus.

2. „Der Menschensohn wird den Menschen ausgeliefert werden"

Gehen wir nun zur nächsten Ankündigung über (Lk 9,43–45). In welcher Situation geschieht sie? In einer Stimmung der Begeisterung über ein Wunder, über die Heilung des Jungen, der von einem unreinen Geist auf alle Arten gequält wurde und den die Jünger nicht hatten heilen können. Jesus heilt ihn. Dies ruft eine gewaltige Begeisterung hervor, und alle staunen über die Macht Gottes. Es ist ein Moment der Bewunderung Jesu und der Verwunderung über alles, was er tut. Und in diesem Moment, wo den Jüngern alles vor Augen liegt, was Jesus an Großartigem gewirkt hat, sagt er zu ihnen: „Merkt euch genau, was ich jetzt sage: Der Menschensohn wird den Menschen ausgeliefert werden" (Lk 9, 44).

Wir stehen hier vor einem weiteren rätselhaften Wort, das uns wieder einen Blick darauf freigibt, wie Jesus seine Sendung sieht. Aus dem Text erhellt, daß Jesus an dem, was er sagt, viel gelegen ist, denn er fordert die Jünger auf: „Merkt euch genau, was ich jetzt sage." Solche Wendungen gebraucht Jesus, wenn er von etwas Wichtigem spricht. „Der Menschensohn wird den Menschen ausgeliefert werden." Hier steht das Prophezeite schon näher als bei der ersten Ankündigung. Diese betraf die Zukunft; hier steht die Auslieferung des Menschensohnes schon bevor. Was besagt dies: „Der Menschensohn wird den Menschen ausgeliefert werden"? Offensichtlich bezieht es sich auf etwas Schreckliches: Der Menschensohn wird nicht mehr Herr über sich sein, sondern er wird in der Gewalt anderer sein und andere werden über ihn verfügen. Er, der gekommen ist, um alles wiederherzustellen, wird zu einem Spielball in den Händen anderer werden.

Versenken wir uns der Aufforderung des Ignatius gemäß in die Gesinnung Jesu, der sich als der definiert – es ist wirklich seine Definition –, der „den Menschen ausgeliefert wird". Wie sehr stimmt diese Definition! Jesus verwirklicht sie bis in die Eucharistie, worin er sich uns Menschen ausliefert auf die Gefahr hin, daß man Mißbrauch mit ihr treibt. Sehen wir es nicht als verrückt an, sich irgendwelchen Menschen zu übergeben und es ihnen zu überlassen, was sie mit uns tun wollen, ob etwas Gutes oder etwas Schlimmes? In Jesus widerspiegelt sich hier wieder die Güte, Verfügbarkeit, Barmherzigkeit Gottes, der unser Dasein sosehr teilt, daß er sich den Händen der Menschen übergibt.

Dieses Wort in Lk 9, 44 ist so erhaben und schwer zu erfassen, daß bei dem, der es hört, sich alles umkehrt. Man könnte gar nicht stärker, als Lukas es tut, betonen, daß die Apostel das ganz und gar nicht verstanden. Dreimal wird im gleichen Satz wiederholt: „Doch die Jünger verstanden den Sinn seiner Worte nicht; er blieb ihnen verborgen, so daß sie ihn nicht begriffen" (Lk 9, 45). Lukas hat sonst nie dermaßen stark auf einem Gedanken bestanden. Menschen, die schon einen ganzen Ausbildungskurs in der begeisterten Nachfolge und Gefährtenschaft Jesu hinter sich haben, sind blind für den Plan Gottes und sträuben sich gegen ihn. Und Lukas insistiert, denn das, was Jesus sagte, ist für ihn eine sehr wichtige Aussage. Sie definiert Jesus nicht nur als den Messias, sondern sagt auch, auf welche Weise er der Messias ist. Und gerade die Aussage über das Ostermysterium bildete gleichsam einen Schleier vor den Augen der Jünger. Von einem solchen Schleier spricht auch Paulus, er sagt, daß dieser die Juden daran hindere, Christus und die ganze Heilsgeschichte zu erfassen.

Die Augen der Apostel waren also noch blind: „Der Sinn seiner Worte ... blieb ihnen verborgen, so daß sie ihn nicht begriffen." Natürlich hörten sie mit den Ohren, aber es fehlte ihnen der tiefe Sinn für die Aussage und sie wagten nicht, Jesus zu fragen. So kam es zu der unklaren Situation, wie sie oft auch unter uns besteht, in unseren Gemeinschaften und in unserem Alltagsleben. Man fühlt, daß etwa nicht so recht klar ist, hat aber Angst vor einer Klärung, weil man die Lage nicht so nehmen will, wie sie ist; man wagt es nicht, der Sache auf den Grund zu gehen.

Diese Angst kann unbewußt sein, und wir wollen darum beten, daß sie uns bewußt werde. Sie entsteht dann, wenn Dinge auf uns zukommen, gegen die wir uns sträuben. Es ist damit ein wenig wie mit der Angst eines Kranken, es könnte sich um eine bösartige Krankheit handeln, aber man will keine Klarheit darüber, weil man nicht weiß, ob man eine schlimme Gewißheit zu ertragen vermöchte. So stehen die Apostel vor einem entscheidenden Problem, weil es um den Jesus geht, dem sie ihr Leben geweiht haben, doch wollen sie lieber nicht wissen, um was es sich handelt.

Bringen wir nun uns selbst hinein und sagen wir zum Herrn: „Herr, können wir an dich und an uns selbst die entscheidende Frage stellen? Herr, laß uns erfassen, was wir uns nicht zu fragen getrauen, welcher Sache wir nicht auf den Grund zu gehen wagen. Vor allem laß uns verstehen, daß das Mysterium des Kreuzes ein verborgenes Mysterium ist. Wir können davon sprechen, uns in es einüben, nicht aber es mit unserem menschlichen Auge durchschauen. Nur der Heilige Geist kann uns so umgestalten, daß wir es praktisch verstehen, obwohl unsere Schwäche es unserem Blick so sehr entzieht, daß es jedesmal eine Überraschung sein wird, wenn wir es gewahren."

Auf alle Fälle haben die Apostel mit Jesus noch den ganzen Weg nach Jerusalem zu machen. Auf dieser Reise wird Jesus in Worten und Taten eine höchst erhabene Botschaft vortragen, zu der auch die Passion, der Sinn für das Kreuz, für die Herzensfreiheit, die Entsagung, die gänzliche Selbstüberantwortung an den Vater gehören. Und er wird ihnen Gelegenheit bieten, zu prü-

fen, wie weit sie in seiner Nachfolge gelangt sind. Wer
hätte je durch eine bessere Schule gehen können?

3. „Dort wird sich alles erfüllen ..."

Die dritte Leidensankündigung (Lk 18, 31–34) schildert
uns die Situation am Ende der Reise. Sie sind nun in der
Nähe von Jericho. Jesus nimmt die Zwölf auf die Seite
und sagt zu ihnen: „Wir gehen jetzt nach Jerusalem hinauf; dort wird sich alles erfüllen, was bei den Propheten
über den Menschensohn steht."

Wir bemerken hier ein Element, das vorher nicht da
war. Vorher sagte Jesus noch unbestimmt: „Es muß
oder wird geschehen" und wies damit ganz allgemein
auf den Plan Gottes hin. Hier sagt Jesus klarer, daß in
Erfüllung geht, was die Schrift sagt, daß der Moment gekommen ist, wo sich der Heilsplan Gottes verwirklicht.

Wie wird dieser Moment geschildert? „Er (der Menschensohn) wird den Heiden ausgeliefert, wird verspot-
tet, mißhandelt und angespuckt werden, und man wird
ihn geißeln und töten. Aber am dritten Tag wird er auferstehen. Doch die Zwölf verstanden das alles nicht;
der Sinn der Worte war ihnen verschlossen, und sie begriffen nicht, was er sagte."

Einige Hinweise verdeutlichen uns, wie Lukas die
Passion sieht. Wir finden hier die Zurückweisung wie-
der und zwar in einer Steigerung der Verdemütigungen.
Jesus wird den Heiden ausgeliefert, so daß sich seine
Mitbürger die Hände nicht zu beschmutzen brauchen.
Sie überlassen ihn denen, die nicht den wahren Gott
verehren. Er wird ihnen hingeworfen werden als etwas,
von dem Israel nichts wissen will.

Hier werden vor allem die Verdemütigungen, die persönlichen Erniedrigungen angetönt: Jesus wird verspot-

tet, verhöhnt, verächtlich angeblickt, angespuckt. Jesus wird ausgeliefert, was für ihn mit sich bringt, daß er nicht nur mißhandelt, sondern als Person, als Mensch entwürdigt wird. Man wird ihn geißeln und dann töten. Es ist bemerkenswert, daß hier bei Lukas von der Geißelung die Rede ist, von der er dann in der Leidensgeschichte nichts sagt.

„Am dritten Tag wird er auferstehen." Hier spricht Lukas von dem, was in der zweiten Ankündigung fehlte: vom Endpunkt. Die Apostel, welche die Passion nicht verstehen, verstehen auch die Auferstehung nicht. Warum sollten sie sich nicht wenigstens darüber freuen? Doch nein, sie sehen nicht, was geschehen wird; deshalb sagt Lukas am Schluß: „Sie begriffen nicht, was er sagte." Das Mysterium Christi, das Ostergeheimnis, bleibt dem Menschenauge verborgen.

Jesus wußte, was sich ereignen werde. Er fühlte, daß dies mit seiner Sendung zusammenhänge, war es doch die Folge davon, daß er sich als wehrloses Gotteswort schenkte, sich in Liebe darbot. Jesus verstand dies und suchte es mit kaum verhüllten Worten den Jüngern beizubringen, doch diese waren damit nicht einverstanden. Wir müssen also darauf schließen, daß trotz aller Schulung durch Jesus die Jünger nichts erfaßten. Dieses Mysterium des Unverständnisses macht uns sicher zu schaffen, denn wenn *sie* nicht verstanden haben, wie sollen dann *wir* verstehen?

4. Das Mysterium des Todes und der Auferstehung annehmen

Werfen wir uns also vor diesem Mysterium des Todes und der Auferstehung Jesu auf die Knie und beten wir: „Herr, verschaffe diesem Mysterium Eingang in unser

Leben! Wir können mit all unserem Überlegen nicht damit fertig werden, können es nicht wirklich annehmen. Es verwickelt uns zu stark mit hinein und läßt nichts von uns unbetroffen. Wir sind äußerst geschickt, dieses Mithineingenommenwerden, von dem wir nichts wissen wollen, auszuklammern, auch wenn wir in Worten erklären, wir nähmen es an. Herr, laß uns deshalb erkennen, welche Dinge wir nicht annehmen, welche wir von uns ausklammern, um welche Dinge wir ständig kreisen, ohne uns ihnen wirklich stellen zu wollen."

Wenn wir sagen: „Über diesen Punkt gibt es keine Diskussion" und es in gewisser Erregung sagen, so ist es klar, wo uns der Schuh drückt, und im übrigen reden wir am entscheidenden Punkt des Problems vorbei. Man müßte sich eben sonst engagieren und etwas hergeben. Man schließt etwas von vornherein aus, so wie die Jünger es getan haben: „Das darf nicht sein. Zum Messias sagen wir ja, aber nicht dazu, daß er eine solche Prüfung durchmachen muß."

In unserem Leben geschieht das gleiche. Wir sind nicht aus eigener Kraft imstande, das Mysterium des Todes und der Auferstehung anzunehmen. Wir dürfen nicht einfach den Blick auf die Herrlichkeit richten, sondern wir müssen, wie der Hebräerbrief (12,2) sagt, auf den blicken, der geprüft worden ist und so zur Herrlichkeit gelangt ist. Deshalb müssen wir den Herrn bitten, jene Grauzonen in uns auftauchen zu lassen, jene Ablehnungen, die in uns gelagert sind und die wir sozusagen archiviert haben. Wir wollen uns fragen, ob nicht in einer von ihnen unser schwacher Punkt liegt, unser Ostermysterium, worin wir im Tod zum Herrn übergehen. Seien wir gewiß, daß einzig der Herr uns vor diese Wahl versetzen und bewirken kann, daß wir durch die

Einzelentscheide unseres Lebens ihr endgültiges Ziel, den Herrn selbst, nicht aus dem Auge verlieren. So treten wir im Gebet gleichsam in den Tod Jesu ein: wir öffnen uns ganz dem Wort Gottes, so daß nichts von uns im Dunkel bleibt.

Beten wir darum, daß das Gotteswort uns erleuchtet und alles, was in uns unlauter ist, verbrennt. Wir können in Anbetung und Lobpreisung des Herrn, der uns rettet, und in sicherem Vertrauen auf seine Gnade den Widerstand ans Licht bringen, den er beheben muß, um uns dahin zu führen, wohin wir nicht möchten. Dort ist unser Friede, unser Leben, unsere Auferstehung.

Herr Jesus, du weißt, daß auch wir, wie die Apostel, von uns aus geneigt sind, deine schwer begreifliche Botschaft zurückzuweisen. Wir folgen dir nicht, wie und bis wohin du willst, sondern legen uns eine Nachfolge nach unserem Geschmack zurecht, weisen aber die Nachfolge, die du jeden Tag von uns erwartest, zurück.

Herr, erhelle unsern Sinn, erwärme unser Herz, damit wir verstehen können, was du von uns willst: unsere armselige, stets neue Selbsthingabe an dich. Gib, Herr, daß wir uns von dir annehmen lassen und dein Wort vollständig annehmen.

Maria, du hast das Wort Gottes voll und ganz angenommen. Du ließest dich von ihm umgestalten und in allem modellieren, bis zu deiner vollständigen Hingabe unter dem Kreuz. Dir und den Aposteln wurde die Fülle des Geistes zuteil, der der Kirche geschenkt worden ist. Bitte für uns, daß auch wir in Wahrheit dem Leben deines Sohnes folgen.

Vierzehnte Meditation

Der richtige Sinn für das Kreuz

Man könnte den Titel dieser Meditation näher bestimmen mit „Ich, Petrus und das Kreuz". Unter „Kreuz" verstehen wir hier das äußerliche Scheitern der Sendung Jesu und den Widerstand, der ihm den Tod bringt. Petrus ist zum Jünger ausersehen worden und ist Jesus auf seinem Weg gefolgt; wir möchten uns ihm beigesellen und das Kreuz Jesu so erleben, wie Petrus es erlebt hat, und es mit seinen Augen sehen. Wir wollen über das Drama des Petrus, über sein Mitgekreuzigtwerden nachsinnen, damit wir unser Mitgekreuzigtsein besser verstehen. Petrus verkörpert unsere eigene Haltung zum Kreuz. Er steht nicht nur als der zum Jünger Auserwählte vor uns, sondern auch als der einfache, ehrliche Mann ohne Hintergedanken. Er nimmt die Dinge, wie sie sind, reagiert darauf seinem Empfinden entsprechend und wird überraschenderweise weitergeführt. Wir haben den Menschen Petrus bereits kennengelernt und uns in ihn eingefühlt, als wir uns seinem Bekenntnis anschlossen: „Herr, geh weg von mir; ich bin ein Sünder" (Lk 5, 8). Wir wollen ihm nun Schritt für Schritt auf seinem Weg folgen. Wo endet dieser Weg, besser gesagt, worin gipfelt er? Er gipfelt darin, daß Petrus weint, und wir wollen vor allem diesen Moment betrachten. Den Endpunkt des Weges bildet jedoch die Aussage: „Der Herr ist wirklich auferstanden und ist dem Simon erschienen" (Lk 24, 34).

Wir können über das bittere Weinen des Petrus im Licht der Weisung des Ignatius in den „Geistlichen Übungen" nachdenken: „Bitten um das, was ich begehre; um das also, was als Bitte für die Leidenswoche eigentümlich ist: Schmerz mit dem schmerzerfüllten Christus, Zerschlagenheit mit dem zerschlagenen Christus, Tränen, innerliche Pein über die große Pein, die Christus für mich gelitten hat" (Nr. 203). Um den Weg des Petrus zu verstehen, erscheint mir auch folgende Weisung wichtig: „Das Trösteramt betrachten, das Christus unser Herr ausübt, und damit vergleichen die Art, wie Freunde einander zu trösten pflegen" (Nr. 224).

Das „Trösteramt" gehört zu unseren wichtigsten Aufgaben. Es ist oft auszuüben. Zwischen diesem Trösteramt und der Teilnahme an der Passion Christi besteht ein enger Zusammenhang. Wir stehen hier an einem Knotenpunkt, an dem vieles aufeinandertrifft: das Kreuz Christi, unser Kreuz, das Kreuz der anderen, das Kreuz der Welt, unsere Haltung zu unserem Leiden und zum Leiden anderer, der Trost, den wir spenden können. All dies hängt miteinander zusammen und ist ineinander verwickelt. Wir stehen hier auch vor etwas höchst Persönlichem – wie beim Gebet. (Unser Gebet ist unser eigenes Beten und nicht das Beten von jemand anderem.) So wie es unendlich viele Gebetsweisen gibt, so gibt es auch unzählige Formen, wie man das je eigene Problem des Kreuzes anpacken, fühlen, erleben kann.

Kommen wir nun zu unserem Thema: Ich, Petrus und das Kreuz. Wir betrachten dabei 1) das Messiasbekenntnis des Petrus, mit dem der Weg des Petrus zum Kreuz beginnt; 2) Petrus beim Letzten Abendmahl; 3) Petrus im Garten Getsemani; d) das Verhalten des Petrus, während man über Jesus zu Gericht sitzt.

1. Das Messiasbekenntnis (Lk 9,20)

Das Messiasbekenntnis stellt für Petrus einen Höhepunkt dar. Er hat das gesagt, was die anderen nicht zu sagen wußten: „Du bist der Messias Gottes." Das Vertrauen, das Jesus ihm gleich von der ersten Berufung an erwies, ließ ihn fühlen und erfassen, daß er eine wichtige Sendung haben werde. Nun ist er auf dem Gipfel der Freude und weiß, daß er diese Sendung hat: Er hat den „Messias Gottes" proklamiert, er hat dem, was in den anderen Jüngern erst schüchtern, ansatzweise vorhanden war, Ausdruck gegeben; er hat Mut gehabt und Jesus ins Licht gesetzt. Stellen wir uns die Enttäuschung und Verdemütigung vor, als gleich darauf Jesu diese Begeisterung dämpft und es verwehrt, davon zu reden, während er gleichzeitig vom Kreuz zu sprechen beginnt. Petrus ist über die Leidensankündigung ganz verwirrt und fühlt sich verpflichtet, den Herrn zu tadeln und ihm zu sagen: „Nein, das ist nichts für dich", erreicht aber damit nur, daß er den Meister heftig gegen sich aufbringt (Mk 8,32)

Stellen wir uns vor, Petrus berichte uns darüber, und fragen wir ihn, wie es ihm in diesem Moment zumute war. Petrus würde uns wohl sagen, er habe nichts mehr verstanden: „Ich, der den Herrn in alle Himmel gehoben hatte, konnte doch nicht zulassen, daß er ans Kreuz komme. Ich wollte ihm dieses Kreuz ersparen, weil ich für ihn eine so große Hochachtung, eine so große Liebe empfand. Ich wollte ihm beibringen, daß wohl wir Sünder es verdient hätten, Leiden zu erdulden, nicht aber er. Da entrüstete sich der Herr und fuhr mich heftig an. Ich habe nichts mehr begriffen, ich habe geschwiegen und mich gefragt: ‚Was wird aus meinem Meister werden?'"

Doch in der unmittelbar darauf folgenden Szene, der Verklärung Jesu, hat Petrus die Lektion immer noch nicht kapiert. Er will immer noch dem Meister sagen, was dieser zu tun habe (Lk 9,33), und ruft aus: „Meister, es ist gut, daß wir hier sind. Wir wollen drei Hütten bauen, eine für dich, eine für Mose und eine für Elija." Lukas fügt hinzu: „Er wußte aber nicht, was er sagte." Versuchen wir, uns in die Lage des Petrus zu versetzen. Er fühlt sich als der, der für den Meister und die himmlischen Gäste sorgen muß. Es ist, als ob er sagen würde: „Laß mich nur machen, Meister. Jetzt bleiben wir hier." Wie großmütig ist er: für Jesus, Mose und Elija will er drei Hütten bauen, während sie, die Apostel, im Freien weilen sollen. Doch Petrus sieht sich im Mittelpunkt der Situation; er ist es, der für den Herrn sorgt, und vielleicht steigt er noch mit diesem Selbstbewußtsein vom Berg hinunter. Die Apostel, die unten geblieben waren, hatten nicht vermocht, von einem Knaben den bösen Geist auszutreiben (Lk 9,40), und vielleicht hat Petrus mit einer gewissen Einbildung auf sie herabgeschaut. Petrus (und im Grunde denken wir gleich wie er) hat sich mit dem Reich Gottes identifiziert, hat sich für fähig erachtet, etwas zu leisten und wie Jesus, ja noch ein wenig mehr als er, für alles zu sorgen. Denken wir darüber nach, wie weit in bezug auf unser Wirken, in bezug auf die Kirche diese Einstellung auch uns selbst durchdringt; ob wir uns nicht mit unserer Arbeit identifizieren und sie mehr für unsere Aufgabe als für die des Herrn halten.

2. Petrus beim Letzten Abendmahl

Von dieser Szene gehen wir zu dem über, was beim Letzten Abendmahl geschieht (Lk 22,31–34). Wie schon in der Szene mit Maria und Marta finden wir hier die bedeutsame Wiederholung des Namens wieder: „Simon, Simon, der Satan hat verlangt, daß er euch wie Weizen sieben darf. Ich aber habe für dich gebetet, daß dein Glaube nicht erlischt. Und wenn du dich wieder bekehrt hast, dann stärke deine Brüder."

Suchen wir auch hier wieder uns in die Haut des Petrus zu versetzen, den Jesus so bekümmert und zärtlich anredet: „Simon, Simon". Er macht ihm den liebevollen Vorwurf: „Petrus, du verstehst die Lage nicht; du bildest dir etwas ein und erfassest nicht, was um dich herum vorgeht. Du bist so voll von dir selbst, meinst, was Wunder du für mich tun könntest, hältst dich fast für meinen Wohltäter, meinen Retter. Schau, Petrus, ich habe für dich gebetet; du hast mein Gebet nötig. Dein Glaube schwebt in Gefahr. Ich habe für dich gebetet, damit du die anderen stärken kannst; aber du kannst es erst, wenn du umgekehrt bist." Dies ist ein äußerst zarter Wink: „Gib acht, du stehst an einem Abgrund. Du wähnst, mir das Kreuz tragen zu helfen, und dabei wirst du selbst davon fast erdrückt werden." Und was für eine Antwort gibt Petrus? Eine sehr schön klingende: „Herr, ich bin bereit, mit dir zu gehen." Läßt sich etwas Schöneres denken? Man könnte meinen, der Entscheid sei getroffen, die Exerzitien seien beendet; Petrus ist bereit, alles ist in Ordnung. Und doch kommt es eben nicht auf noch so schöne Worte an. Man glaubt, die Worte zu hören, die Ignatius Jesus in den Mund legt: „Wer mit mir kommen will, hat sich zusammen mit mir abzumühen, damit er, wie er mir in der Mühsal folgte, so mir auch folge in der Herrlichkeit" (Geistliche Übungen, Nr. 95).

Petrus faßt hier das Wort des Herrn ganz falsch auf. Der Herr sagt: „Wenn du dich bekehrt hast, dann stärke deine Brüder." Doch statt aus dem vorausgehenden Wort „Ich habe für dich gebetet" seine Schwäche und Armseligkeit herauszuhören, wird Petrus davon selbstsicher. Er überhört den Wink, umzukehren, sein Glaube schwebe in Gefahr, statt dessen wähnt er, er sei für das Reich Gottes notwendig, der Herr brauche nicht für ihn zu beten, er könne alles allein leisten. Dabei hatte Jesus zu ihm gesagt: „Gib acht, du stehst vor einer Katastrophe." Doch Petrus sieht das nicht ein, will es nicht einsehen, und die anderen Apostel auch nicht. Gleich nach der Zusicherung: „Ich bin bereit, mit dir sogar ins Gefängnis und in den Tod zu gehen", erhalten diese Worte, sobald die Schwerter aufblitzen, einen anderen Sinn. Auch wenn es nicht wörtlich so geschrieben steht, ist aus dem Text zu lesen: „Hier sind zwei Schwerter; wir sind bereit, für dich zu sterben, aber um dich zu verteidigen, Herr. Wir wollen dich beschützen; du sollst sehen, wozu wir für dich fähig sind." Damit wird das Evangelium völlig auf den Kopf gestellt: Nicht der Herr rettet uns, sondern wir tun etwas für ihn, tun etwas für seine Kirche. Es ist nicht mehr die Frohbotschaft unserer Rettung durch Gott, sondern die Kunde von unserer Befähigung, etwas für Gott zu leisten.

Als die beiden Schwerter funkeln, fühlt sich Petrus wieder als der Mann, der etwas für Gott tun will. Er nimmt es nicht an – Petrus hat nie anzunehmen verstanden –, daß Jesus großmütiger ist als er und etwas für ihn tut, daß er sich von ihm führen lassen muß. Petrus hat schon immer gemeint, er wisse bei allem, sich selbst zu helfen. Er hat also von der Lehre Jesu über den

Pharisäer und den Zöllner, von der Botschaft, daß den Armen das Heil zuteil wird und daß der Sünder sich bekehren muß, nichts verstanden. Auch als er sagte: „Ich bin ein Sünder", begann er gleich darauf, sich von neuem an das eigene Können zu klammern und sich auf seine Fähigkeit etwas einzubilden.

3. Im Garten Getsemani

Damit kommen wir zu der Szene am Ölberg (Lk 22, 39–46). Wie gesagt, wird Petrus von Lukas geschont; wir müssen uns deshalb an Markus halten. Auch bei Lukas sehen wir Jesus in der Todesangst. Er betet und ringt, schwitzt Blut, und wir fragen uns: „Wo steckt Petrus? Warum ist er nicht hier?" Doch diese Frage betrifft auch uns: Wir wären nicht besser gewesen. Ich selbst muß bekennen, daß mir vor der Angst Jesu gebangt hätte; ich hätte es nicht mitansehen wollen, wie Jesus weinte, wie er sich ängstigte (dies wäre mir zu viel gewesen), und hätte mich deshalb davon ferngehalten. Ich hätte es nicht ertragen, ihn voller Angst, ihn zu Boden gedrückt zu sehen.

So fürchtet sich Petrus vor der Angst Jesu und weiß keine Worte zu finden. Er bleibt lieber in der Ferne. Er will sich das, was er nicht zu verarbeiten vermag, lieber vom Leibe halten, und vor Kummer schlafen (Vers 45). Petrus kann es nicht ertragen, daß Jesus leidet, so wie es auch für uns schwer ist, einen anderen leiden zu sehen, wenn wir ihm nicht helfen können. Vielleicht ertragen wir es, so lange wir uns dabei nützlich machen können und uns wichtig vorkommen, so lange wir für den Leidenden etwas tun können, doch wenn wir uns dabei machtlos fühlen, ziehen wir uns lieber zurück, wir haben Angst. Wir befürchten, vom Leiden des anderen, über das wir nicht Herr werden können, umgeworfen zu werden. Und hier weiß Petrus sich angesichts des Leidens Christi nicht mehr zu helfen, denn sein Verständnis des Evangeliums verwehrt es ihm. In diesem Moment zeigt sich, wie falsch seine ganze Heilsauffassung ist. Petrus hätte bei Jesus ausharren wollen bis ins Gefängnis, bis ans Kreuz, aber tapfer und mutig mit dem Schwert in der Hand. Doch nun muß er sehen, wie Jesus versucht wird, erniedrigt wird. Was soll er tun? Hier gerät für Petrus alles wieder ins Wanken.

Der Sicherheit des Petrus wird, wie mir scheint noch dadurch der Rest gegeben, daß Jesus – nach Markus zu Petrus, nach Lukas aber zu allen – sagt: „Wie konntet ihr schlafen? Steht auf und betet, damit ihr nicht in Versuchung geratet!" (Vers 46). Jesus sieht die Situation klar. Er sieht, daß diese Männer einen so schwachen, so dunklen, so verworrenen Glauben haben, daß sie am Umsinken sind. Er fordert zum Gebet auf und sagt damit zu ihnen: „Versetzt euch in die richtige Situation; spürt, daß ihr Gott nötig habt! Macht euch keine Gedanken darüber, daß ihr in diesem Moment nicht wißt, wie ihr reagieren sollt. Nehmt die Situation so, wie sie ist!" – wie Jesus selbst es tut, wenn er sagt: „Vater, ich bringe es nicht fertig, wenn nicht du mir die Kraft dazu gibst. Ich fühle mich dieser Situation nicht gewachsen."

Jesus selbst betet und schreit demütig heraus, wie schwach die Natur ist. Diese Männer hingegen nehmen ihre Schwäche nicht an; es darf nicht so sein. Sie schlafen lieber und haben Angst, zu beten, denn das Gebet würde ihre Schwäche bloßlegen, würde offenlegen, daß sie nicht Rettung bringen können, sondern der Rettung bedürfen – mehr als Jesus. Deswegen geraten sie in Versuchung. Die falsche Sicht, von der sie sich einnehmen ließen, wirft sie nun um.

All dies tritt bei der Gefangennahme (Lk 22, 47–53) zutage. Die Szene ändert sich rasch: Die Menge kommt, Judas kommt; Judas küßt Jesus und die Erregung steigt aufs höchste.

Was tut Petrus? Er will die Situation retten, greift zum Schwert, und nun zeigt sich, was er denkt: „Der Meister darf nicht sterben; wir müssen uns tapfer wehren; wir müssen den Meister verteidigen." Fragen wir Petrus: „Was hast du mit dieser Geste beabsichtigt?" Und Petrus wird uns antworten: „Ich hätte gern Jesus vor dem Tod bewahrt, auch wenn ich selbst dabei umgekommen wäre. Ich konnte es nicht hinnehmen, daß man Jesus verhaftete. Wenn sie mich ergriffen hätten, hätte ich es hingenommen, aber ich konnte es nicht hinnehmen, daß man ihn ergriff. Ich habe den Kopf verloren und mich ins Getümmel gestürzt, um einen zu köpfen, doch der Streich ging daneben und so wurde Schlimmeres verhütet."

Nun verliert Petrus allen Mut, weil Jesus sein Dreinschlagen nicht billigt, sondern verbietet. Er fragt sich: „Aber was soll ich dann tun? Ich habe mich bis aufs Letzte eingesetzt, er aber sagt zu mir, ich solle davon ablassen, ja er heilt diesen Mann voll Erbarmen. Ich verstehe nichts mehr; man braucht mich nicht mehr."

Weil von Jesus desavouiert, ist Petrus gedemütigt, verwirrt, ganz schlimm auf die Probe gestellt. Und ein weiteres Wort Jesu gibt seiner Selbstsicherheit den Todesstreich: „Das ist eure Stunde, jetzt hat die Finsternis die Macht" (Vers 53).

Petrus wird wohl gedacht haben: „Wenn nicht einmal Jesus der Macht der Finsternis widersteht, was soll dann noch werden?" Petrus ist maßlos, völlig enttäuscht: „Ich kann nichts mehr für ihn tun, und weiß nicht, wozu ich noch da bin." Er ist nicht mehr der, der er war.

4. Die Verleugnung (Lk 22, 54–62)

Doch da Petrus ein guter, aufrichtiger Mensch ist und Jesus für ihn gebetet hat, will er den Meister nicht ganz im Stich lassen und folgt ihm liebend, wenn auch verzagt. Er folgt ihm, denn er fragt sich ständig: „Was wird mit ihm geschehen? Vielleicht kann ich noch etwas für ihn tun; vielleicht kann ich mich noch nützlich machen." In dieser Geisteshaltung folgt er Jesus, mehr aus Liebe als aus Überzeugung.

Am Ölberg konnte sich Petrus noch irgendwie ehrenvoll aus der Affäre ziehen, doch hier muß er mit eigenen Ohren vernehmen, wie weit es mit ihm gekommen ist. Hören wir uns die Fragen an, die an ihn gerichtet werden. Eine Magd sieht ihn am Feuer sitzen, schaut ihn genau an und sagt: „Der war auch mit ihm zusammen." Doch Petrus bestreitet dies: „Ich kenne ihn nicht." Wie sehr stimmt dieser Satz; in ihm kommt die ganze Betrübnis des Petrus zum Ausdruck, nicht nur seine Angst, sondern auch seine Enttäuschung und Verwirrung: „Ich weiß nicht mehr, was ich von ihm sagen soll." Und es folgt eine weitere öffentliche Verdemütigung des Petrus; jemand anderer hält ihn an: „Du gehörst auch zu ihnen."

Bei der ersten Bemerkung wird nach seinem Verhältnis zu Jesus, bei der zweiten nach seiner Beziehung zu den anderen Jüngern gefragt. Und Petrus denkt an sie, die sich geflüchtet haben, und sagt auch hier: „Nein, ich nicht". Er weiß nicht einmal, wie er sich auf sie beziehen soll; vielleicht fühlt er sie in diesem Moment fern und fremd, weil sie nicht da sind. Er hat den Sinn für die Verbindung mit Jesus und den Sinn für die Verbindung mit der Jüngergemeinschaft verloren; er verleugnet Jesus und verleugnet seine Gefährten. Hier heißt es bei Lukas: „Etwa eine Stunde später" (22, 59). Welch schreckliche Stunde! Fragen wir Petrus: „Was hast du in dieser Stunde durchgemacht? Es war die schrecklichste Stunde deines Lebens: du hast dich verirrt, wurdest von Vorwürfen, von Angst gequält; du wußtest nicht, wie du dich wieder auffangen, was du tun solltest, wer du überhaupt bist." In dieser schrecklichen Stunde sind wohl im Herzen des Petrus wie Hammerschläge die Worte wieder erklungen, die er einst gehört hatte: „Ich sage euch: Wer sich vor den Menschen zu mir bekennt, zu dem wird sich auch der Menschensohn vor den Engeln Gottes bekennen. Wer mich aber vor den Menschen verleugnet, der wird auch von den Engeln Gottes verleugnet werden" (Lk 12, 8–9). Petrus ist ganz aufgewühlt von diesen Worten, die in ihm kommen und gehen und wirbeln.

Mit welcher Scham fühlt Petrus, daß er wirkich in Versuchung geraten ist; er ist ganz bekümmert und verlegen. Und in dieser Verlegenheit und Verdemütigung vernimmt er die letzte, noch hartnäckigere Behauptung: „Wahrhaftig, der war auch mit ihm zusammen; er ist doch auch ein Galiläer." Petrus aber erwidert: „Mensch, ich weiß nicht, wovon du sprichst."

Hier deckt Petrus seine ganze Blöße auf. Er läßt seine Armut ganz zum Vorschein kommen und ist so weit gesunken, daß er nichts mehr versteht. Er hat den Sinn für die Situation vollständig verloren; er hat sich total verirrt. Er weiß nicht mehr, was er machen soll, wer er ist, was man von ihm erwartet. Es geht ihm nur noch darum, sein Fell zu retten, sein Leben zu retten, sich nicht bloßzustellen. Es lohnt sich ja auch nicht mehr, überhaupt noch etwas zu tun.

In dieser Situation sagt ihm nicht einmal mehr der Hahnenschrei etwas. Plötzlich kräht der Hahn. Er bezichtigt ihn der Sünde, aber es ist eine kalte, schneidende, vorwurfsvolle Bezichtigung, und Petrus hört nicht auf sie, er begreift nicht, was dieser Schrei ihm sagen will.

Gleich darauf „wandte sich der Herr um und blickte Petrus an. Und Petrus erinnerte sich an das, was der Herr zu ihm gesagt hatte: Ehe der Hahn kräht, wirst du mich dreimal verleugnen. Und er ging hinaus und weinte bitterlich" (Lk 22, 61–62). Fragen wir Petrus, was ihm in diesem Augenblick aufgegangen ist und weshalb der Blick Jesu ihm die Augen geöffnet und ihm die wahre Situation aufgedeckt hat. Er hat wohl gedacht: „Er stirbt für mich, für einen Wurm, für einen Feigling." Nun ist die Situation völlig geklärt: „Ich wollte weiß wer sein, nun aber stirbt er für mich, für mich armseligen Menschen, der irregegangen ist, so daß ich nicht einmal mehr weiß, wer ich bin. Herr, du hast mich besiegt; du bist gütiger als ich. Ich glaubte, es schaffen zu können, etwas für dich leisten zu können, doch du hast mich mit deiner Güte überwältigt."

„Er stirbt für mich, für einen Menschen, dessen ich mich selbst schäme." Petrus sind die Schuppen von den Augen gefallen; er sah, daß er sich immer geweigert hatte, sich wirklich lieben zu lassen.

Wie schwer ist es doch, sich wirklich lieben zu lassen! Wir möchten immer, daß wir nicht zu Dankbarkeit verpflichtet wären; Petrus aber lernt, daß er sich gänzlich als Schuldner fühlen muß. Gott kommt mir zuvor und rettet mich aus Liebe. Und Petrus wird sich gesagt haben, daß er bis zu diesem Zeitpunkt nie geglaubt hatte, daß Christus für ihn sterben wolle. Er war nicht auf diesen Gedanken gekommen, vielleicht, weil er dachte: „Ich bin dessen nicht würdig; ich muß etwas für ihn tun." Nun versteht er, daß sich alles umgekehrt verhält, daß Jesus für ihn stirbt, und daß er diese Liebe, auch wenn sie unglaublich ist, annehmen muß.

Schließen wir mit einem Gebet:
„Herr Jesus, du ließest Petrus so viele Prüfungen durch-machen, damit in ihm die Wahrheit des Evangeliums aufstrahle, die er anderen verkündigen sollte. Mach, daß wir uns in unseren Prüfungen von dir lieben lassen. Laß uns deine Güte erkennen. Laß uns von deinem Kreuz bezwungen werden, damit wir dich als den er-kennen können, der du bist, nämlich Gott, der uns liebt, und damit wir dann auch an deiner Herrlichkeit teilhaben und sie den anderen verkünden können.

Fünfzehnte Meditation

Das Kreuz Marias

Wenn wir von der Mutter Jesu sprechen, so gilt das gleiche, was wir vom Gebet und vom Kreuz Jesu gesagt haben. Auch unsere Beziehung zur Mutter Jesu ist bei einem jeden anders und wandelt sich im Lauf unserer geistlichen Entwicklung. Und vor allem ändert sich auch die Ausdrucksform dieser Beziehung je nach unserer geistlichen und affektiven Reife und nach all dem, was sich in uns entwickelt.

Wie über Petrus und das Kreuz, wollen wir nun über Maria und das Kreuz nachsinnen, dabei uns selbst einbeziehen (ich, Maria und das Kreuz) und in Maria die Jüngerin sehen, die ihren Weg auf das Kreuz hin gemacht hat. Und da sie alles viel tiefer verstanden und viel feinfühliger erlebt hat als Petrus, wollen wir sie bitten, uns auf diesen ihren Weg mitzunehmen. Dies ist der Sinn der Bitte im „Stabat Mater": „Iuxta crucem tecum stare – Maria, laß mich mit dir unter dem Kreuz stehen!". Da aber sich kaum schildern läßt, was Maria unter dem Kreuz erlebte, wollen wir – wie Lukas – allem von Anfang an nachgehen. Lukas sagt ja einleitend: „Auch ich habe mich entschlossen, allem von Grund auf sorgfältig nachzugehen" (Lk 1, 3).

Das Mysterium Marias ist wirklich ein Ursprungsmysterium und darum von seinem Ursprung her zu verstehen. Deswegen begeben wir uns an den Quellgrund des Mysteriums und beginnen unsere Meditation mit der

Zeit der Vorbereitung der Ankunft des Gottessohnes auf der Welt, die Lukas besonders genau und ausdrücklich geschildert hat.

Unsere Meditation wird folgenden Verlauf nehmen:
- das Mysterium der Vorbereitung, worüber Lukas am ausführlichsten berichtet;
- innerhalb dieser Vorbereitung die erste Begeisterung;
- die Zeiten der Dunkelheit;
- Maria unter dem Kreuz;
- Maria in der Kirche.

Der Weg Marias geht von Nazaret aus und führt bis zu ihrem Zusammensein mit den Aposteln im Abendmahlssaal an Pfingsten. Ihre Erfahrung des Christusmysteriums spielt sich zwischen diesen beiden Polen ab und gipfelt auf Golgota, wo sie unter dem Kreuz Jesu steht.

Welche Ignatiustexte können wir uns in dieser Meditation vor Augen halten, um „das, was wir damit wollen", und die Atmosphäre dieser Betrachtung zu bestimmen? Ich denke an die Aufforderung, beim Nachsinnen über die Passion Jesu „die Einsamkeit Unserer Herrin mit so großem Schmerz und Ermattung" zu betrachten (Geistliche Übungen, Nr. 208). Dieser Gedanke kann uns wegleitend sein: die Einsamkeit Marias als ihr Kreuz und die Anbahnung und Annahme dieser Einsamkeit, in der sich ihr Opfer vollzog. Und als weitere ignatianische Elemente können wir die beiden einzigen Stellen nehmen, an denen Ignatius auf die Mutter Jesu näher eingeht: die Vorübung, „im einzelnen das Haus und die Gemächer Unserer Herrin in der Stadt Nazareth in der Provinz Galiläa" anzusehen (Nr. 103) und zu betrachten, „was der Engel und Unsere Herrin tun, wie nämlich der Engel sein Amt als Gesandter ausübt und Unsere Herrin sich demütigt und der göttlichen Maje-

stät Dank sagt" (Nr. 108). Ein weiterer Punkt bei Ignatius ist seine Bemerkung, daß Jesus seiner Mutter erschien: „Zuerst erschien er der Jungfrau Maria. Ob-
gleich dies nicht in der Heiligen Schrift ausdrücklich
gesagt wird, so betrachtet man es doch als mitgesagt, da
berichtet wird, er sei so vielen andern erschienen"
(Nr. 299). Hier wird vorausgesetzt, daß es für die Meditation dieser Mysterien einer tiefen geistlichen Einsicht
bedarf.

1. Das Mysterium der Vorbereitung

Aus dem Mysterium der Vorbereitung hebe ich nur diejenigen Elemente hervor, die die Beteiligung am Kreuz
betreffen und uns sagen, wie Maria von Gott beglaubigt
wird. Wir richten unsere Aufmerksamkeit auf drei Momente der Verkündigungsszene (Lk 1,26–38), die mir
besonders aufschlußreich erscheinen.

In Lk 1,29 heißt es: „Sie erschrak über die Anrede
und überlegte, was dieser Gruß zu bedeuten habe." Das
Wort für „Erschrecken" findet sich nur bei Lukas und
ist ein sehr starker Ausdruck. Es besagt eine Verwirrung, eine innere Erschütterung. Eine ähnliche Erschütterung erlebt beispielsweise Herodes, als er die Weisen
vor sich sieht und innewird, daß sich etwas Neues, Großes ereignet, das seine Pläne ins Wanken bringt. Maria
hatte ihre Frömmigkeit, ihre Festigkeit, ihre Vorsätze,
ihre Hingabe – und nun greift Gott ein und bringt sie
aus ihrer Ruhe. Gott bricht umstürzend in ihr Leben
ein. Das gleiche Wort wird von Lukas (1,12) in bezug
auf Zacharias verwendet: auch dieser gewahrt, daß Gott
einbricht, um seine ruhigen Gewohnheiten eines alten
Mannes zu stören.

Was geschieht in Maria, als sie überlegt: „Was hat die

Macht Gottes mit mir vor?" (Das hier verwendete
Wort für „überlegen" besagt gewissermaßen eine innere Diskussion, ein tiefes Nachdenken.) Maria weiß,
daß es gefährlich ist, von dieser Macht berührt zu werden; sie weiß, daß sich das Schicksal dessen, der von
ihr getroffen wird, ändert, wie das bei Jeremia und den
anderen Propheten der Fall war. Und obwohl sie einerseits sich dem Mysterium Gottes ganz überläßt, ist andererseits in ihr dieses für die Bibel typische Wissen
vorhanden, daß Gott, wenn er kommt, einen umwirft.
Schon hier kündigt sich im Leben Marias das Kreuz
darin an, daß sie vom umstürzenden Handeln Gottes
ergriffen wird.

Das gleiche Empfinden kehrt meines Erachtens in der
Frage wieder: „Wie ist das möglich? Ich habe keinen
Mann" (1, 34). Maria hat ihre Linie, hat ihren Entscheid
getroffen, ahnt aber, daß die Macht Gottes ihre jetzige
Situation ändern wird. Sie weiß nicht wie, aber sie überläßt sich dieser Macht. Diese wird sicherlich zu ihrem
und der Welt Heil wirken, auch wenn Maria weiß, daß
ihr Dasein ihr aus den Händen gleitet. Sie kann nicht
mehr selbst über sich verfügen, auch nicht über ihren
guten Vorsatz.

Und dann die abschließende Antwort, die den Inbegriff des ganzen Mysteriums Marias bildet: „Ich bin die
Magd des Herrn; mir geschehe, wie du es gesagt hast"
(1, 38). Lukas, der „allem, was sich unter uns ereignet
hat, ... von Grund auf nachgehen" will, ist nun zu den
Worten Marias gelangt, in denen er den Ursprung von
allem, was darauf folgt, erblickt. Dieses Wort ist ein totales Sich-Anvertrauen, also ein ganz entschlossenes
Wort: „Ich bin die Magd." Wir fühlen hier die Situation
nahe, die im Psalmwort zum Ausdruck kommt: „Wie
die Augen der Magd auf die Hand ihrer Herrin, so

schauen unsere Augen auf den Herrn, unsern Gott" (Ps 123,2).

Wir können hier auch über das Gebet Marias nachdenken. Von diesem Moment an besteht ihr Gebet darin, daß sie sich unbeschränkt, gänzlich Gott anvertraut. Wie wir jedoch noch sehen werden, wird Maria sich noch zu verwundern haben und Schmerzen durchmachen. Gefühlsmäßig ist hier noch nicht alles geleistet. Sie hat ja gesagt, aber ihr Gebet wird noch von Leiden und Widrigkeiten, vielleicht auch von Enttäuschungen durchwoben sein, die sie als Mutter erlebt. Sie braucht Kraft, um diesem Ja treu zu bleiben. „Ich bin die Magd des Herrn; mir geschehe, wie du es gesagt hast."

2. Die erste Begeisterung

Aus diesem „Mir geschehe, wie du gesagt hast", möchte ich nicht so sehr ein Gebet, als einen Wunsch heraushören. Maria ist schon freudig auf das eingegangen, was ihr angekündigt worden ist, und sagt darum: „Ich möchte, daß dies so geschehe." Sie hat das, was der Herr ihr sagen ließ, schon freudig bejaht.

Und diese Freude kommt in der folgenden Szene zum Ausdruck, die ich mit „die erste Begeisterung" betitelt habe. Nachdem Maria von der Macht Gottes ergriffen worden ist, freut sie sich über das Gewaltige, das diese Macht hervorzubringen beginnt. Diese Freude bricht in der Szene der Heimsuchung aus, im gegenseitigen Lobpreis zwischen Maria und Elisabet. Maria wird gepriesen: „Gesegnet bist du mehr als alle anderen Frauen, und gesegnet ist die Frucht deines Leibes" (Lk 1,42). Man kann eine Mutter nicht mehr beglückwünschen, als daß man zu ihr sagt: „Gepriesen sei die

Frucht deines Schoßes!" Nun ist Maria auf dem Gipfel der Freude, denn Gott hat in ihr das hervorgebracht, was sie selig machen wird: seinen Sohn. Mehr als das konnte ihr Gott nicht geben. Sie ist die Mutter des Herrn (Lk 1,42), läßt Johannes vor Freude hüpfen (1,44), ist selig, weil sie geglaubt hat (1,45).

Wie ehrlich gibt die Heilige Schrift diese Lobpreisungen aus dem Mund Elisabets wieder. Sie scheut sich nicht, zu loben. Vielleicht wagen wir dies manchmal wegen einer falschen Demutsauffassung nicht; hier aber werden die Dinge so gesagt, wie sie sind. Es wird dann schon noch die Zeit kommen, wo Maria Verdemütigung und Einsamkeit erleiden wird. Hier äußert sich durch Elisabet das, was vor Gott gilt, und wird etwas proklamiert, das stimmt: „Gesegnet bist du. Selig bist du, Mutter des Herrn, denn du hast geglaubt und bringst die Freude ins Haus." Und Maria antwortet mit der Schlichtheit eines Menschen, der das Lob auf seinen Schöpfer zurückführt: „Meine Seele preist die Größe des Herrn."

Sinnen wir über diesen erhabensten Lobgesang im Evangelium nach, worin Maria auf die Lobpreisung durch Elisabet antwortet. Er kreist um die Größe Gottes, um das Gotteslob, um unsere Armut. Gott wirft das Schicksal der Menschen um und vertauscht die Lose. Gott hat Erbarmen, Mitleid und kommt uns zu Hilfe.

Für Maria hat sich nun alles vollendet. Die frohe Botschaft ist für sie schon Wirklichkeit. Sie vertraut sich der Macht Gottes an, die in das Schicksal des Menschen eingreift und uns in diese Umwälzung hineinnimmt, weil sie uns liebt und uns Arme vom Reichtum Gottes erfüllt sehen möchte.

3. Zeiten der Dunkelheit

Dann kommen die dunklen Stunden, sie beginnen schon bald. Mir kommt es seltsam vor, daß Lukas bei der ganzen Erzählung über die Geburt und über das, was mit Jesus geschah, mit keiner Andeutung den Seelenzustand Marias beschreibt. Maria ist einfach die Mutter, die Jesus zur Welt bringt und in die Krippe legt. Während ringsum alles Jubel ist, während die Engel und die Hirten von Freude erfüllt sind, steht Maria in ihrer Mutterfunktion da. Am Ende von allem heißt es von ihr einzig: „Maria aber bewegte alles ... in ihrem Herzen und dachte darüber nach" (Lk 2, 19). Und von da an können wir Maria fragen, was in ihr vorgeht, wie sie diese Geschehnisse aufnimmt und sieht.

Maria erlebt in ihrer Bereitschaft für Gott ein inneres Wachstum. Während sie sich als Mutter im Mittelpunkt der Ereignisse fühlen müßte, zeigen ihr die Geschehnisse von Anfang an, daß der Sohn ihr entgleitet und über sie hinausgeht. Sie fühlt sich von Anfang an auf die Seite gestellt, denn Himmel und Erde und Personen, die sie nicht eingeladen hatte, freuen sich und beglückwünschen den Sohn, nicht sie, die Mutter, wie das doch für gewöhnlich bei einer Geburt der Fall ist. Im Zentrum der Aufmerksamkeit und des Interesses steht schon der Sohn. So erhält Maria in ihrer Mutterfreude von Anfang an eine Mahnung: Jesus ist es, auf den alles ankommt, und Maria muß von diesem Moment an lernen, für Jesus alles zu tun, auch dies, sich zurückzuziehen. Und das ist in den Kindheitsszenen der Fall; namentlich in Lk 2, 34 – 2, 35 ist davon die Rede: „Dieser ist dazu bestimmt, daß in Israel viele durch ihn zu Fall kommen und viele aufgerichtet werden, und er wird ein Zeichen sein, dem widersprochen wird. Dadurch

sollen die Gedanken vieler Menschen offenbar werden.
Dir selbst aber wird ein Schwert durch die Seele dringen."

Es läßt sich schwer bestimmen, was dieses „Schwert"
für Maria bedeutet. Natürlich denken wir gleich an das
Kreuz, doch Lukas, der über diese Ereignisse berichtet,
läßt uns Maria nicht unter dem Kreuz erblicken. Wenn
wir dieses „Schwert", das ihr Inneres, ihre Seele durchdringen wird (es muß also ein sehr scharfer Schmerz
sein), richtig auffassen wollen, dürfen wir es nicht einfach in dem Sinn verstehen, daß sie sieht, wie der Sohn
leidet und in noch jugendlichem Alter stirbt. Es muß
etwas Eigentümlicheres sein und hängt meines Erachtens mit der Prophetie als ganzer zusammen, die dieses
Wort gleichsam einfaßt.

4. Teilnahme am Leiden und am Kreuz

Was also ist das Schwert, das durch das Herz Marias
dringt? Es ist ihr tiefes Mithineingenommensein in den
Widerspruch, auf den Jesus trifft. Sie sieht ihren Sohn
verstoßen, als Zielscheibe des Widerspruchs, und fühlt
sich durch dieses Leiden des verstoßenen Messias verwundet.

Maria nimmt also direkt am Leiden Jesu teil. Sie muß
sehen, wie alle diese Personen, die anfänglich wie die
Hirten gut und aufnahmebereit erscheinen, sich an einem bestimmten Punkt von Jesus trennen und sich ihm
widersetzen. Maria wird in das geplagte Leben Jesu hineinverwickelt und muß darunter leiden, daß er, der
Messias, von den Maßgebenden des Volkes zurückgewiesen wird. Man ersieht hier, wie das Leben Marias,
das am Mysterium Jesu und an seinem Leiden teilhat,
gleichzeitig außerhalb dieses Lebens steht, da sie nicht

imstande ist, irgendwie helfend einzugreifen. Sie kann nur zusehen, was der Sohn tut. Sie muß es mitansehen, daß er zum Zeichen wird, dem widersprochen wird, und kann ihm nicht direkt Hilfe und Unterstützung leisten.

Dies tritt noch klarer hervor in der Szene des Knaben Jesu im Tempel (Lk 2, 41–52), wovon ich vor allem den Satz ausdeuten will: „Dein Vater und ich haben dich voll Angst gesucht" (2, 48). Dabei handelt es sich nicht um bloße Angst und Bangigkeit, sondern um etwas mehr. Das gleiche Wort bringt in Lk 16, 24 das gräßliche Leiden des reichen Prassers in der Unterwelt zum Ausdruck: „Ich leide große Qual in diesem Feuer." Und auch Paulus verwendet das Wort in Röm 9, 2: „Unablässig leidet mein Herz."

Was für eine Qual erleidet Maria während der drei Tage, in denen sie nach Jesus sucht? Es ist eine ganze Reihe von Qualen: die Qual der Mutter, die ihren Sohn verloren hat; das peinigende Gefühl, daß sie ihre Pflicht vernachlässigt hat, sie, der die Verantwortung für Jesus anvertraut worden ist; sodann der natürliche Schmerz der Mutter, die ihren Sohn zu besitzen glaubte und sich nun einer großen Enttäuschung gegenüber sieht: „Der Sohn, den ich zu besitzen wähnte, den ich mir so nahe glaubte, entflieht mir, teilt nicht einmal meinen Schmerz und entschuldigt sich nicht."

Gewiß ist das für Maria ein schmerzlicher Moment. Sie hatte sich ganz auf das Wort Gottes eingelassen und muß nun sehen, daß dies sie in eine ungeahnte Beziehung zu ihrem Sohn gebracht hat, in eine Situation des Mißverstehens, der Distanz. Der Sohn flieht sie und spricht eine Sprache, die sie nicht versteht.

Aufgrund dieses Hinweises können wir, obwohl Lukas nicht davon spricht, auch darüber nachdenken, was

Maria empfunden haben mag, als ihr Sohn aus Nazaret verjagt und vor der ganzen Stadt gedemütigt wurde. Maria sieht den Mißerfolg Jesu, leidet darunter, nichts für ihn tun zu können, und versteht, daß sie dazu berufen ist, dieses Leiden hinzunehmen, weil sich darin die messianische Kraft der Liebe Jesu bekundet. Sie bereitet sich damit auf das Kreuz vor.

Doch den härtesten Schlag, die schwerste Prüfung vor der des Kreuzes erleidet Maria durch Jesus selbst in der Episode, die Lukas in 8, 19 ff zurückhaltend schildert. Er sagt im Unterschied zum härter formulierenden Markus bloß, daß die Mutter und die Brüder Jesu kommen und wegen der Unmenge von Menschen nicht zu Jesus vordringen können. Deshalb lassen sie ihm ausrichten, daß sie draußen stehen und mit ihm zusammentreffen möchten, doch Jesus weist sie ab: „Meine Mutter und meine Brüder sind die, die das Wort Gottes hören und danach handeln" – ein hartes Wort.

Und doch hat Jesus ein Herz, denn er ist zum Beispiel im vorhergehenden Kapitel (Lk 7, 12) ganz gerührt darüber, daß einer Witwe ihr einziger Sohn gestorben ist. Doch jetzt unterzieht er Maria – vielleicht weil er mit seinen Brüdern nichts zu tun haben will – einer harten Abweisung, wenigstens dem Evangelium zufolge. Jesus ist von absoluter Freiheit, von einer Freiheit, die er auch seiner Mutter schroff zu verstehen gibt. Maria weiß nun, daß sie Jesus seinem Schicksal überlassen muß und daß sie ihn nur dadurch wieder haben wird, daß sie ihn aufgibt. Sie wird ihn nur als Jüngerin wieder haben, so weit, als sie zur Jüngerin wird. Obwohl sie den Vorzug hat, seine Mutter zu sein, muß Maria den Weg einer Jüngerin und Hörerin auf das Wort gehen.

Im weiteren Verlauf des Lebens Jesu wird Maria in

den Evangelien durch Abwesenheit beschrieben. In Lk 8, 1–3 ist von Frauen die Rede, die Jesus begleiten, doch Maria wird nicht erwähnt. Sie wird wohl ihrem Auftrag nachgelebt haben, den Willen Gottes hinzunehmen und anzubeten; sie wird innerlich schwer leiden am zunehmenden Mißerfolg ihres Sohnes.

Maria war schon von Anfang an willfährig, doch mußte sie diesen Gehorsam im Leben erst noch hart lernen: Gott machen zu lassen, was er wollte, und den Sohn machen zu lassen, was der Sohn wollte. Ich halte dies für einen Teil des „Schwertes", das Maria durchdrang: zu sehen, wie ihr Sohn auf den Abgrund, auf die äußerste Gefahr zugeht, von den Löwen zerfleischt zu werden, und gleichzeitig hinausgewiesen zu sein und nicht eingreifen zu können.

Und im Unterschied zu Petrus nimmt Maria diese Rolle auf sich und in sich auf. Vielleicht ist das der Grund, weshalb Lukas uns Maria nicht unter dem Kreuz darstellt, obwohl er doch sonst so sehr und so tief darauf bedacht ist, an den Urgrund der Einwilligung Marias, an den Quellgrund des ganzen Heilswerks zu erinnern. Maria schweigt, und Lukas schweigt sich aus über das Zugegensein Marias auf dem Kalvarienberg. Wohl gibt es eine Gruppe der Frauen, aber Maria spielt keine eigene Rolle.

5. Maria in der Kirche

Für Lukas ist hingegen die Aufgabe klar, die Maria in der Kirche hat. Im entscheidenden Moment der Gründung der Kirche ist Maria mit den Zwölf zugegen. Wir können diesen ganzen Weg überblicken: Maria hat Gott nicht nur sich selbst, sondern auch Jesus gegeben; sie hat Jesus für seine Sendung freigegeben. Sie hat sich

von allem befreit, was auch nur im geringsten affekti-
ver Besitz Jesu hätte sein können. Deshalb erhält sie,
wie Lukas berichtet, zwar nicht das Leben des auferstandenen Sohnes, aber die Urgemeinde zum Geschenk.
Von ihren affektiven Bindungen befreit, von jeglicher
Form eines Überlegenheitsgefühls geläutert, ist sie nun
imstande, eine Menge von Söhnen zu erhalten. Deshalb
läßt Lukas uns einsehen, wie Maria, von allem befreit,
die Arme von neuem öffnen kann, um in der Kirche
ihre Aufgabe für die anderen Söhne zu erhalten.

Denken wir aber daran, welche gewaltige Läuterung
sie durchmachen mußte und wie sehr auch sie, tausend-
mal mehr als Petrus, litt, als sie ihren Jesus, in den Händen der Menschen, den Menschen ausgeliefert, von den
Menschen um ihres Heiles willen getötet sah.

Sinnen wir noch kurz über die Szene bei Joh
19,25–27 nach, die wir nun besser verstehen können.
Bei dieser knappen Darstellung Marias unter dem
Kreuz, die der Gegenwart Marias eine dauernde, endgültige Bedeutung gibt, wird das ausgeführt, was Lukas uns
erahnen ließ. Darin, daß sie es hinnahm, daß ihr Sohn
ihr starb, darin, daß sie ihn für die Menschheit dahin-
gab, empfängt Maria andere Söhne. Sie empfängt Johannes und öffnet ihr Herz, um die Kinder der Kirche in es
aufzunehmen, um unsere Mutter zu sein. Diese Szene
bei Johannes (bei Lukas ist es die Pfingstszene) bedeutet
die Rückkehr Marias zum Sohn. Als Jesus am Kreuz erhöht und verherrlicht ist, erhält Maria die endgültige
Bestätigung ihres Ja.

Wir können hier von neuem über dieses Ja nachdenken und sehen, wie weit dieses anfängliche Ja Maria gebracht hat. Welch außerordentlichen, für Maria nicht
voraussehbaren Verlauf haben die inneren Geschehnisse genommen! Maria hätte nie dieses mühselige Rin-

gen erwartet, Mutter zu sein und sich vom Sohn trennen zu müssen, ihn den Händen der Menschen überlassen zu müssen, damit sich in ihm die Liebe Gottes bekunde. Sie hätte nie gedacht, es hinnehmen zu müssen, daß die Liebe Gottes zu den Menschen so groß ist, daß sie den Sohn dahingeben muß und daß er auf diese Weise leidet. Maria lernt in ihrem Leib das Wissen darum, daß die Liebe Gottes zu der Menschheit grenzenlos ist. In ihr kommt dies zum Ausdruck, deshalb verehren wir sie als die, die uns in diese Liebe einführen kann, deren Glut sie erfahren hat.

Maria, angesichts deines Mysteriums, angesichts all dessen, was du innerlich durchgemacht hast, verstummen wir. Du hast die Macht der Liebe Gottes zu uns erfahren. Du hast erleben müssen, wie sehr dein Sohn sich unseren Händen überlassen und sich deinen Händen entzogen hat. Du hast erfahren müssen, wie schlecht wir gegenüber deinem Sohn sind, und hast seine Güte, seine wehrlose Hingabe mitvollzogen. Du hast seine unendliche Fähigkeit erlebt, uns zu lieben und sich uns hinzugeben.

Bitte für uns, damit auch wir diese Macht der Liebe Christi erfahren, und wie du von ihr erfaßt werden. Und obwohl dieses Mithineingenommensein tiefes Leid über uns bringen kann, laß es uns annehmen, laß uns die Loslösung und Läuterung hinnehmen, die dein Sohn in uns wirkt, die Lösung von uns selbst, von unseren Werken, unseren Hoffnungen, unseren Plänen. So wird die Liebe Gottes sich uns und den anderen frei bekunden können. Wir bitten dich, Mutter Jesu, um ein schlichtes, demütiges, geduldiges, Gott hingegebenes Herz, das den Plan Gottes, der die Welt umgestaltet, kindlich anzunehmen vermag.

Sechzehnte Meditation

Die Auferstehung

Zur Einstimmung können folgende Anregungen aus den „Geistlichen Übungen" des Ignatius dienen:

„Bitten um das, was ich begehre; das ist hier: bitten um die Gnade, mich intensiv zu freuen und fröhlich zu sein über die so große Herrlichkeit und Freude Christi unseres Herrn" (Nr. 221).

„Erwägen, wie die Gottheit, die sich in der Passion zu verbergen schien, jetzt in der Heiligsten Auferstehung so wunderbar aufleuchtet und sich offenbart durch deren wahre und heiligste Wirkungen" (Nr. 223).

„Das Trösteramt betrachten, das Christus unser Herr ausübt, und damit vergleichen die Art, wie Freunde einander zu trösten pflegen" (Nr. 224).

Herr, Jesus, du weißt, es gehört für uns zum Schwierigsten, über die Auferstehung zu meditieren, vielleicht deswegen, weil diese unserer Erfahrung am fernsten liegt. Während wir es oft mit dem Leid zu tun haben und es uns deshalb nicht so schwer fällt, über das Kreuz nachzusinnen, erscheint die Osterfreude uns als etwas Künstliches und Erzwungenes.

Wir bitten dich deshalb, Herr, laß uns die Freude, mit der du uns erfüllen willst, ohne lange Bedenken annehmen. Laß uns verspüren, daß du in uns wirkst; laß es uns froh gewahren und spontan in Gebet umsetzen.

1. Jesus bringt das Herz zum Glühen

In dieser Meditation über die Auferstehung kehren wir wieder zu unserem Ausgangspunkt zurück, zu den beiden Jüngern, die nach Emmaus gewandert sind. Wir haben sie auf ihrem Weg begleitet, haben gesehen, wie sie Jesus eingeladen haben, wie nach dem anfänglichen Mißtrauen eine freundschaftliche Atmosphäre entstand und wie sich Jesus ihnen zu erkennen gab. Sie sagen zueinander: „Brannte uns nicht das Herz in der Brust, als er unterwegs mit uns redete und uns den Sinn der Schrift erschloß?" (Lk 24, 32).

Was tun die beiden? Sie teilen einander mit, was in ihnen vorgegangen ist, wie es ihnen warm ums Herz geworden ist (und wir haben um die Gnade gebetet, daß auch unser Herz brenne). Der betreffende Ausdruck ist stark; er besagt nicht nur: „Das Herz erwärmte sich", sondern „Das Herz glühte". Und hier kommt uns das Wort Jesu in den Sinn: „Ich bin gekommen, Feuer auf die Erde zu werfen" (Lk 12, 49), ein Feuer, dessen Glut sich als innere Erschütterung der beiden zu äußern beginnt. Gesellen wir uns also ein wenig zu ihnen und fragen wir sie, was sie mit dem „Brennen des Herzens in der Brust" meinten.

Sicher eine sehr starke Erregung, heftig wie ein Feuer, das immer mehr um sich greift. Eine ganze Kette von Gemütsregungen und Überlegungen, die entstehen und wie eine Flamme um sich greifen, und all dies, ohne daß die beiden schon direkte Kunde von der Auferstehung gehabt hätten. Die Schrift hat einfach den Sinn dessen erklärt, was geschehen war. Dies genügt, denn die Stücke des dramatischen Rätsels, die sich in alle Winde zerstreut und innere Verwirrung geschaffen hatten, setzen sich nach und nach wieder zu einem

Ganzen zusammen. Da flammt ihr gutes Herz auf, in dessen Grund der Geist geglüht hatte, aber dann vom Nichtbegreifen, vom Glaubensmangel erstickt worden war.

Hier liegt schon ein Auferstehungsereignis vor, von dem Ignatius spricht: das Erlebte klärt sich und erhält Sinn; es nimmt Gestalt an und hebt sich vom Hintergrund ab. Der Auferstandene vermag das Mysterium des Menschen, der Geschichte, dessen, was wir erleben, zu erhellen. Er läßt uns sagen: „Sieh, wie dies mit jenem anderen zusammenhängt!" Er ist fähig, uns den Elan wiederzugeben, den eine Reihe unerwarteter, unsere Hoffnungen durchkreuzender Ereignisse uns genommen hatten. Jesus bringt das Herz zum Glühen nicht nur mit seinen Erklärungen, sondern mit seiner liebevollen Gegenwart. Die beiden Jünger verspüren, daß dieser Mann die Dinge wirklich erlebt hat. Bevor sie wissen, daß Jesus auferstanden ist, wirkt der Auferstandene in ihnen.

Wir möchten vielleicht noch mehr wissen: Was Jesus sagte, wie er die Überlegungen verkettete. Besäßen wir das Gespräch auf Tonband, könnten wir es wiederholt abspielen, auswendig lernen, es zum Schema einer Predigt machen.

Doch wir wären vielleicht etwas enttäuscht, wenn wir Jesus zuhörten. Er sprach wohl von einfachen, ganz verständlichen Dingen. Wir sind ja manchmal ebenfalls enttäuscht, wenn wir Predigten von Heiligen lesen. Beispielsweise enttäuschen die Predigten des Pfarrers von Ars sehr, wenn man sie liest. Was also tat Jesus? Er teilte die Fülle des Erlebten mit. Somit ist es auch für uns nicht so wichtig, ein treffliches, gutgesetztes Gespräch zu führen; es ist wichtiger, daß wir mitteilen, was wir erleben. Und wie wir sehen werden, gehört dies zum Zeugnis, mit dem Lukas sein Werk beschließen wird.

Jesus teilt somit dieses Feuer mit, indem er die Schrift erklärt. Er ist erhellend, erklärend tätig, aber mit der Fülle seines Lebens als Auferstandener. Seine Zuhörer merken, wie ihnen ein Licht aufgeht und wie sie in ihrem Dunkel, ihrer Traurigkeit und ihrem Leid liebend angenommen sind. Dies ist die erste Wirkung des auferstandenen Jesus, die wir in unserem Leben verspüren: wir gewahren seine Lebenskraft und werden inne, wie uns die Schrift aufgeht. Wir erleben beides in Exerzitien und jedesmal, wenn wir uns ihm oder der Kirche (den Menschen, den Dingen, den Situationen der Kirche) nähern. Diese Auferstehungserfahrung ist keine eingebildete, erkünstelte Freude, sondern sie besteht im dankbaren Hinnehmen, daß der Herr unser Herz wieder lebendig macht. Das also geschah, als Jesus sich noch nicht ausdrücklich als Auferstandenen bekundet hatte; aber er war schon auferstanden und war als Auferstandener am Werk.

2. Der Auferstandene gibt sich zu erkennen

Kehren wir nun in unserer Meditation zwei Verse zurück zu Lk 24,30. Die beiden Jünger begeben sich zu Tisch, Jesus setzt sich zu ihnen und sie tragen ihm als dem Gast das ehrenvolle Amt des „Familienvaters" an. Jesus bricht das Brot und spricht den Tischsegen. Lukas sagt noch genauer: „Er nahm das Brot, sprach den Lobpreis, brach das Brot und gab es ihnen. Da gingen ihnen die Augen auf und sie erkannten ihn." Was geschieht hier? Der Auferstandene gibt sich auf eine weitere Weise zu erkennen.

Ich habe unsere Meditation nicht speziell betitelt,

wollte ihr aber eigentlich die Aufschrift geben: Der auferstandene Jesus bekundet sich mir. Wir werden dies
verfolgen, indem wir uns in die Haut dieser Jünger versetzen. Wie also bekundet sich mir der auferstandene
Jesus? Indem er mein Herz erwärmt, mir die Schrift erklärt, mich dem Brotbrechen beiwohnen läßt. Auch
hier fragen wir die beiden Jünger: „Was habt ihr gesehen? Was habt ihr erfahren?" Und da Lukas die Szene
kunstvoll aufbaut, möchten wir wissen, was er damit
sagen will, daß er die Jünger auf diese Weise den Herrn
erkennen läßt. Natürlich kann man antworten: Wir haben hier die Eucharistie vor uns; Jesus hat die Eucharistie gefeiert. Doch ich stelle mir nicht vor, daß Jesus die
Wandlungsworte spricht, schon auch deswegen nicht,
weil Jesus wortlos konsekrieren kann, insofern er sich
selbst schenkt und keine liturgische Formel zu sagen
braucht. Doch wenn Lukas vom Brotbrechen und vom
Erkennen des Herrn spricht, denkt er klar an die Eucharistie, die man schon damals in der Gemeinde feierte,
und er will uns über die Szene nachdenken lassen als
über ein Geschehen, das sich in den Eucharistieversammlungen fortsetzt und wiederholt. Der Auferstandene bekundet sich uns in der Eucharistie.

Wie aber gibt er sich ganz speziell diesen Jüngern zu
erkennen? Dies läßt sich schwer in Worten erklären.
Versuchen wir jedoch, uns in die Situation zu versetzen. Einige sagen: Jesus hatte eine bestimmte Art und
Weise, das Brot zu brechen, eine ihm eigene Weise, den
Tischsegen zu sprechen, und daran erkannten ihn die
Jünger vielleicht. Mir scheint jedoch, daß die beiden
Jünger in dieser Geste Jesu, ihnen das Brot zu reichen,
eben diesen Menschen selbst sehen, der sich ihnen ausliefert, sich ihren Händen übergibt.

Sie lesen aus dieser Geste den Sinn der Eucharistie

heraus, indem sie den Mann sehen, der beim Tischsegen mit dem Vater so liebend vereint ist und ihnen so liebevoll den Tischdienst leistet. „Das ist Jesus, er ist es; es kann gar kein anderer sein, wenn er mit dem Vater dermaßen eins ist und sich in einer ganz einfachen Geste sosehr hingeben kann." Aus der Art und Weise, wie jemand uns eine Gunst erweist, ersehen wir sogleich viel. Die ganze Person kommt darin zum Ausdruck. In der Art und Weise, wie man einen Becher darreicht, äußert sich eine ganze Person. Und hier, hinter dieser Geste ist Jesus als der, der sich schenkt, Jesus als Eucharistie, Jesus, der sich uns im gebrochenen Brot darreicht. Daran erkennen wir den auferstandenen Jesus, Jesus, der sich in vollkommener Liebe uns hingibt, indem er seine Geste der Hingabe bis zum Tod nochmals vollzieht, eine Geste, die nicht anders als lebendig und verlebendigend sein kann, denn die vollkommene Liebe ist Leben. Darin, daß sich Jesus bis zum Tod hingibt, erkennen wir schon die Auferstehung. Gott der Vater kann nicht umhin, die absolute, endgültige, grenzenlose Liebe, die Jesus uns erweist, lebendig zu machen.

Hier haben wir eine weitere, wunderbare Wirkung der Auferstehung Jesu, die diese Männer erleben und die wir jedesmal erfahren, wenn wir eine echte Eucharistie feiern, eine Eucharistie, in der wir uns von Christus wirklich lieben lassen und die Geste der Selbsthingabe und des Füreinander-Daseins nachzuvollziehen suchen. Darum öffnen sich ihre Augen, die vorher aus Glaubensmangel des Sehens nicht mächtig waren, nun aber sind sie erwärmt von der Güte und Milde des Herrn, von der Einsicht in die Schrift. Jetzt haben sie alles: die Schrift, die Eucharistie, die lebendige Gegenwart Jesu, seine Liebenswürdigkeit – Jesus, den Auferstandenen.

3. Trost empfangen und spenden

Und wir, wie erfahren wir ihn? Wir können ihn in mystischen Momenten erfahren oder dann, wenn wir den Weg der Mystik in vollkommener, absoluter Freude gehen. Dann berührt uns der Herr durch sein Erbarmen und läßt uns Tränen der Liebe, der Freude vergießen. Doch darüber hinaus läßt uns unser Leben in der Kirche, in der brüderlichen Eucharistie den auferstandenen Herrn in schlichten, einfachen Formen erleben, die reale Wirkungen hervorbringen. Was bringen sie hervor? Das unmittelbare Bedürfnis, andere zu trösten, das unmittelbare Verlangen, aufzustehen, die Mahlzeit abzubrechen, sich auf den Weg zu machen, die zuvor mühsam und verdrossen durchlaufene Straße zurückzuwandern. Die beiden Jünger eilen, ohne Mühe und Müdigkeit zu verspüren, zu den anderen hin, um ihnen die frohe Kunde zu übermitteln. Sie üben das „officium consolandi", das „Amt des Tröstens" aus, das an und für sich nicht das gleiche ist wie das „officium compatiendi", das „Amt des Mitleidens".

Das Amt des Mitleidens besteht einfach darin, daß man jemand bei einer Prüfung beisteht: „Deine Prüfung trifft auch mich; sie kommt mir wie meine eigene Prüfung vor; ich verstehe, was du durchmachst; wenigstens versuche ich, es zu verstehen und dir nahe zu sein." Doch das Amt des Tröstens setzt noch mehr voraus: eine frohe Kunde, die zu übermitteln ist. Es scheint mir von Paulus treffend beschrieben in 2 Kor 1, 3 ff, wo er sagt, dieses Amt des Tröstens habe er den Leiden zu verdanken, die er durchgemacht habe, nicht so sehr den Leiden als solchen, sondern mehr dem Trost, den er in diesen Leiden erhalten habe: „Gepriesen sei der Gott und Vater Jesu Christi, unseres Herrn, der Vater des Erbarmens und der Gott allen Trostes. Er tröstet uns in all unserer Not, damit auch wir die Kraft haben, alle zu trösten, die in Not sind, durch den Trost, mit dem auch wir von Gott getröstet werden."

Um Trost spenden zu können, muß man also zuerst von Gott Trost erhalten. Wir geben darin nicht etwas von uns, während das Mitleiden vielleicht mehr unsere Sache ist. Der Trost ist Gabe Gottes; wir können ihn nur so weit übermitteln, als er uns geschenkt wird, und in dem Maß, als wir ihn empfangen. Wie uns die Leiden Christi überreich zuteil werden, so wird uns durch Christus auch überreicher Trost zuteil. Nicht das Leiden selbst bringt den Trost hervor, sondern im Leiden zeigt sich die Macht des tröstenden Christus. Das Leiden als solches befähigt uns nicht schon zum Trösten (es läßt uns höchstens verstehen), sondern einzig die Kraft Gottes tröstet. Und dies ist eine Auferstehungserfahrung, die wir auch eine Kreuzeserfahrung nennen, aber insofern das Kreuz als Liebe Gottes verstanden wird. Nicht also Kreuzeserfahrung als Erfahrung der durchgemachten Bedrängnis, sondern als Macht Gottes, die uns so sehr liebt. Hier sehen wir, daß das Wort „Kreuz" in doppeltem Sinn verwendet werden kann. Es kann unser eigenes Leiden bezeichnen, in das wir geraten, und dies entspricht nicht dem Sinn, den es im Evangelium hat, oder es kann die Macht Gottes bezeichnen, der uns unglaublich liebt und uns tröstet, und dies ist der dem Evangelium gemäße Sinn. Paulus fährt in 2 Kor 1, 6 fort: „Sind wir in Not, so ist es zu eurem Trost und Heil, und werden wir getröstet, so geschieht auch das zu eurem Trost; er wird wirksam, wenn ihr geduldig die gleichen Leiden ertragt, die auch wir ertragen." Also wohnt dem Trost die Kraft inne, in den Leiden zu helfen.

Gesellen wir uns zu den beiden Jüngern und bitten wir den Herrn, uns diesen wesentlichen Trost zu geben, den wir nicht entbehren können. Er möge uns diesen Trost geben oder, besser gesagt, er möge uns ihn annehmen lassen, damit wir nicht aus falscher Scham oder dummem stoischem Gleichmut uns diesem Trost verschließen, den wir zum Leben nötig haben.

4. „Ihr seid Zeugen für mich"

Sehen wir nun, wie Jesus seine gekreuzigte lebendige, gegenwärtige Liebe bekundet haben will. Das Lukasevangelium schließt mit Hinweisen, die das Zeugnis der Kirche betreffen (24, 44 ff).

Im ersten Teil (44–45) nimmt Jesus den Gedanken wieder auf, daß die Schrift in ihm in Erfüllung gegangen ist. Dann öffnet er den Jüngern die Augen und den Sinn, wie er sie den beiden von Emmaus geöffnet hat, und sagt: „So steht es in der Schrift: Der Messias wird leiden und am dritten Tag von den Toten auferstehen, und in seinem Namen wird man allen Völkern, angefangen in Jerusalem, verkünden, sie sollen umkehren, damit ihre Sünden vergeben werden. Ihr seid Zeugen dafür" (24, 46 f).

Sinnen wir über diese Worte nach, vor allem über die Aussage: „Ihr seid Zeugen dafür" und über den folgenden Vers (49): „Ich werde die verheißene Gabe auf euch herabsenden; wartet, bis ihr mit der Kraft aus der Höhe erfüllt werdet." Jesus sagt uns – und dies kann wahrhaftig das letzte Wort sein, das Jesus zu uns gesprochen hat: „Ihr seid Zeugen für mich." Er weiht die Seinen, die das Ärgernis des Kreuzes erfahren und die Liebe des Gekreuzigten-Auferstandenen erlebt haben, zu Zeugen. Was ist ein Zeuge? In erster Linie jemand, der etwas beobachtet hat und vor Gericht darüber berichtet. Im weiteren Sinn jemand, der etwas nicht nur gesehen, sondern auch dessen Sinn erfaßt hat. Die Jünger sind nicht nur Zeugen für das, was geschehen war, wie es noch viele andere Zeitgenossen Jesu hätten sein können, sondern sie sind qualifizierte Zeugen, die um den Sinn der Geschehnisse wissen; sie haben gesehen und verstanden; sie glauben. Um zu bezeugen, genügt es nicht, daß man etwas gesehen und erfaßt hat, vielmehr muß man öffentlich für das einstehen, was man gesehen und erfaßt hat. Und dieses existentielle Engagement, für das, was man gesehen und erfaßt hat, Zeugnis abzulegen (was das eigentlich christliche Zeugnis ausmacht), bringt auch eine persönliche Verpflichtung mit sich.

Wir könnten darum im Gebet zum Herrn sagen: „Das also ist es, was du heute von uns verlangst: Zeugen zu sein, uns einzusetzen, vor der Welt Zeugnis abzulegen. Du erwartest das von uns armseligen Menschen, die nur so wenige, nur eine kleine Minderheit sind." Zeugen sollen wir sein, sagt uns der Herr. Zeugen wie Stephanus, der die Herrlichkeit Gottes gesehen hat und dies denen, die es nicht verstehen und nichts davon wissen wollen, ja die bereits Steine in Händen halten, öffentlich bezeugt (Apg 7, 55 ff). Zeugen wie Paulus, der von Christus zum Zeugen dessen bestellt worden ist, was er gesehen hat (Apg 7, 16). „Zeugen dafür", sagt der Text. Zeugen wofür? Lukas hat es uns in den vorangehenden Zeilen gesagt: Zeugen für das Leiden Christi, für seine Auferstehung, welche die Apostel erlebt und wir selbst in uns erfahren haben, und auch für all das, was vorausgeht, für die Predigt im Namen Jesu, für die Umkehr und die Vergebung der Sünden.

5. *Zeuge sein auch für Künftiges*

Merkwürdigerweise läßt Lukas an dieser Stelle Jesus sagen: „Dafür seid ihr Zeugen" – also nicht nur für die Passion und die Auferstehung, welche die Apostel schon erlebt haben, sondern auch für das, was erst noch bevorsteht: „In seinem Namen wird man allen Völkern ... verkünden, sie sollen umkehren" (24, 47). Diese Bemerkung macht stutzig. Entweder ist es ein Versehen von Lukas: er hätte also das Wort vom Zeugen-Sein weiter vorn im Text, auf Tod und Auferstehung folgend, einrücken wollen, oder wenn nicht, dann handelt es sich um etwas sehr Wichtiges: Wir sind Zeugen für all das, auch für die Verwirklichung der Auferstehung in der Kirche.

Wir haben also nicht nur zu bezeugen: „Wir wissen und die Heilige Schrift bezeugt es, daß vor zweitausend Jahren Christus gestorben und auferstanden ist", sondern wir sind auch Zeugen für die Umkehr und die Sündenvergebung, die allen Völkern zuteil werden sollen. Folglich sind wir auch Zeugen für die von uns selbst gemachte Erfahrung, daß in der Auferstehung, die wir in uns wahrnehmen und auch beständig um uns herum erleben, Christus der Auferstandene lebt. Sonst sind wir nicht Zeugen für all das, sondern nur für einiges, und laufen Gefahr, uns als Verkünder eines Wortes von einst zu fühlen, statt Zeugen für das zu sein, was wir selbst hier und jetzt erleben. Deshalb das Problem: Wie können wir etwas, was wir nicht durch und durch erleben, bezeugen? Und darum müssen wir auch die Demut aufbringen, zu sagen: „Ich kann das bezeugen, was ich erlebe, was Gott mich erleben läßt."

Daß das Zeugnis sich ebenfalls auf künftige Dinge bezieht, sagt uns Lukas auch im angeführten Text von

Apg 26,16. Auch dies ist eine merkwürdige Aussage, wenn wir sie so nehmen, wie sie dasteht. Paulus berichtet, Jesus habe zu ihm gesagt: „Ich bin Jesus, den du verfolgst. Steh auf, stell dich auf deine Füße! Denn ich bin dir erschienen, um dich zum Diener und Zeugen dessen zu erwählen, was du gesehen hast und ich dir noch zeigen werde." Das Zeugnis erstreckt sich auch auf das, was Paulus erst noch erfahren wird. Jesus ist schon auferstanden, doch Paulus wird noch weitere Erfahrungen machen und muß auch sie bezeugen. Er muß verkünden, daß Christus in der Kirche lebt, daß die Macht Gottes die Heiden bekehrt, er muß die Großtaten verkünden, die der auferstandene und in seiner Kirche lebende Christus wirkt. Natürlich wird all das sinnlos, wenn wir es vom Tod Christi auf Golgota und von seiner Auferstehung und von seinen Erscheinungen in Jerusalem trennen. Wir müssen an der herkömmlichen Verbindung mit diesen Anfangsgeschehnissen festhalten, aber diese Anfangsereignisse sind von uns so zu bezeugen, wie wir sie erfahren, will sagen im reichen Leben der Kirche, sonst ist unser Zeugnis schwach und furchtsam.

Wir dürfen auch nicht Angst haben, zu sagen, daß dieses unser Zeugnis in dem Maß zunehmen wird, als unsere Erfahrung des auferstandenen Christus in der Kirche, in uns und all denen zunehmen wird, die uns ihre Erfahrung mitteilen. Daß diese Erfahrung in solcher Weite zu nehmen ist, läßt sich meines Erachtens auch der Stelle entnehmen, die im Grunde die Aussage von Lk 24,48 wiederholt, nur mit anderen Worten: Apg 1,8. Darin sagt der Auferstandene: „Ihr werdet Zeugen für mich sein", Zeugen für einen, der gestorben und auferstanden ist und nun lebendig ist – also Zeugen des lebendigen Jesus. Wie kommt es zu einer solchen Bezeugung Jesu, der lebt? Auf diese Frage antworten Lk 24,49 und der erste Teil von Apg 1,8, die denn auch, obwohl in verschiedener Form, das gleiche sagen.

Bevor wir zu der Erklärung von Lk 24,49 übergehen, möchte ich eine Schlußfolgerung ziehen. Wir machen uns oft Sorge um die Sprache des Glaubens. Nun aber ist es klar, daß das Zeugnis in erster Linie das betrifft, was man erlebt; das Sprechen davon kommt erst an zweiter Stelle. Dieses Sprechen wird in der Sprache von heute zu erfolgen haben und wir können es von niemandem einfach übernehmen. Es wird die Sprache sein, die wir zur Schilderung einer gegenwärtigen Wirklichkeit verwenden. Mir scheint, man müsse von da aus beurteilen, welches die richtige Glaubenssprache ist. Es ist die Sprache, die heute die Erfahrung wiedergibt, die man wirklich gemacht hat und die, wenn der Verkünder ein Mensch von heute ist, sich in Worten von heute äußern wird.

6. Zeugnisgeben im Heiligen Geist

Besehen wir nun die Stelle über die Geistsendung. Sie ist im Zusammenhang mit dem ersten Teil von Apg 1,8 und vor allem mit Apg 5,32 zu betrachten: „Zeugen dieser Ereignisse sind wir und der Heilige Geist, den Gott allen verliehen hat, die ihm gehorchen." Nehmen wir auch noch Apg 2,32 („Dafür sind wir alle Zeugen") und 2,33 („Nachdem er vom Vater den verheißenen Heiligen Geist empfangen hatte, hat er ihn ausgegossen, wie ihr seht und hört") hinzu. Diese Stellen sprechen auf verschiedene Weise vom Zusammenhang zwischen Zeugnis und Geist.

In Lk 24,49 heißt es: „Ich werde die Gabe, die mein Vater verheißen hat, zu euch herabsenden." Hier liegt vor allem der Gedanke an die Verheißung des Vaters vor. Wir haben schon darüber nachgedacht, daß das Alte Testament eine Reihe von Verheißungen enthält, die ihm eine sehr lebhafte messianische Spannung geben. Die Verheißung des Vaters ist die Verwirklichung des ganzen Alten Testaments: Der Geist ist deshalb das Zutagetreten des Reiches; der Geist ist die messianische Gabe, die das Antlitz der Erde erneuert. Durch die Veränderung, die er herbeiführt, schließt der Geist den Menschen für den Lobpreis, die Liebe, die Entsagung, die Gerechtigkeit, die Dienstbereitschaft auf. Mit seiner Gegenwart verwirklicht der Geist schon das messianische Reich, auch wenn dieses noch geheimnisvoll und umstritten ist, auf Widerspruch stößt und sich stets durch Dornen, durch Schwierigkeiten durchsetzen muß. Jesus versichert uns, daß uns die Fülle des messianischen Handelns zuteil wird.

Zuerst hat sich der Geist in Jesus bei dessen Taufe bekundet. Nun wird der gleiche Geist auch uns geschenkt. Jetzt ist das Gottesreich bei uns zugegen, und wir können mit Jesus verkünden: „Selig ihr Armen, denn euer ist das Himmelreich!" Wir erleben die messianische Erfahrung, die Jesus im Geist, der ihm gegeben worden ist, gemacht hat. An dieser Stelle (Lk 24,29) ist der Geist nicht nur Frucht der Verheißung, sondern auch Kraft, denn die Jünger werden „mit der Kraft aus der Höhe erfüllt" werden. Lukas nennt hier den Geist nicht ausdrücklich, sondern deutet ihn mit den beiden bildlichen Ausdrücken „Verheißung" und „Kraft" bloß an. Um welche Kraft handelt es sich? Um die „Kraft von oben", um die Kraft Gottes selbst. Merken wir uns den feinen Hinweis auf Maria: Es ist die gleiche Kraft, die nach den Worten der Verkündigung sich auf Maria niederläßt. Lukas proklamiert am Schluß seines Evangeliums, daß die Kraft aus der Höhe, die zuerst die Menschwerdung bewirkt und in Maria das Heil begonnen hat, allen zuteil werden soll. Diese Kraft verschafft uns die gleiche Wirkmöglichkeit, die Maria gegeben wurde, als sie sich dier Kraft überließ.

Wie bewegt dieser Geist (als Verheißung und Kraft) zum Zeugnis? Der Zusammenhang ist klarer und unmittelbarer in Apg 1,8: „Ihr werdet die Kraft des Heiligen Geistes empfangen, der auf euch herabkommen wird, und ihr werdet meine Zeugen sein." Zwischen dem Geist und dem Zeugnis besteht also ein enger Zusammenhang: Man kann nicht Zeuge sein, ohne den Geist zu haben. Doch wird noch nicht genau gesagt, was der Geist tut. Dies sieht man erst später, in Kapitel 2 und 5: Der Geist gestaltet den Menschen von innen her um und bricht ihn auf. Kraft der charismatischen Gaben kann sich der Mensch sämtlichen Betätigungen hingeben, die Leben sind (Lobpreis, Anerkennung, Freude, Dienstbereitschaft, Liebe, Aufbau, Brüderlichkeit usw.), all den Betätigungen, die Paulus in Gal 5,22 als Früchte des Geistes beschreibt.

Darin also besteht das Zeugnis, das der Auferstandene kraft des Geistes schenkt: in der Befähigung, lebendig an die Welt heranzugehen mit den aufbauenden Kräften des Lobpreises, der Liebe, der Dienstbereitschaft. Damit wird in einer Welt das Leben verkündet, die wegen ihres Egoismus dem Gefrierpunkt, der Vereisung, der Übermacht des einen über den anderen entgegengeht. Und hier bettet sich dieses Zeugnis kraftvoll ins menschliche Dasein ein. Es ist Lebenskraft, tiefe Lebenskraft, es baut nicht nur Dämme und Brücken.

In Apg 2,3 ff sendet Christus, dessen Zeugen die Apostel sind, den Geist, „wie ihr seht und hört" – also wiederum eine gegenwärtige Erfahrung. Man kann die

Auferstehung nicht predigen, ohne sie irgendwie erfahren zu lassen. Die Urkirche hat deshalb das Evangelium stets so verkündet, daß man es irgendwie mit Händen greifen konnte: in einer lebendigen Gemeinde oder bei einem individuellen Kontakt wenigstens in der Liebenswürdigkeit dessen, der redete und, wenn auch schwach, etwas von der Lebenskraft des Evangeliums in sich trug. Gewiß kann Gottes Kraft Wunder wirken, auch wenn sein Wort schlecht und in falschem Zusammenhang vorgetragen wird. Doch wir müssen uns an das Gesetz halten, das für das Wort gilt, und dürfen dieses nie vom Geist trennen, der durch das Wort ins Leben hineinwirkt und es aktualisiert: „Wie ihr seht und hört" – Auge und Ohr sollen zu diesem Erkennen eingesetzt werden. Und es wird hinzugefügt: „Zeugen dieser Ereignisse sind wir und der Heilige Geist, den Gott allen verliehen hat, die ihm gehorchen" (Apg 5, 32). Das Zeugnis wird also im Geist gegeben. Der Auftrag in Apg 1, 8, Zeugen zu sein „bis an die Grenzen der Erde", erscheint so weniger kühn und utopisch. Diesem Wort zufolge gibt es keine Situation, in der nicht die Anziehungskraft des Geistes wirkt. Die Kraft dieses Geistes kann jede Situation innerhalb der Grenzen der Erde, d. h. alles lebendig machen.

In dieser Gewißheit können wir predigen. Wir brauchen uns nicht zu entschuldigen oder gewissermaßen auf den Knien darum zu bitten, daß man uns toleriert, sondern wir können mit dem schlichten Ernst predigen, der aus dem Wissen um den Geist kommt, der das ganze Weltall belebt. Wir verkündigen Gott, weil wir im Leben dessen Wirkungen erfahren und weil uns sein Evangelium Klarheit über die Kraft gibt, die wir erfahren.

Wir müssen im Vertrauen und in der Gewißheit, daß

Gott uns sendet, an unsere Aufgabe gehen. Er sendet
uns, auch wenn wir armselig sind und wenig glänzen
und uns in den unklaren, verzerrten, mißverständli-
chen Situationen befinden, welche die Geschichte mit
allen ihren Ablagerungsschichten in unseren Verhält-
nissen geschaffen hat. Das Gotteswort hat vor nichts
Angst. Der Geist entwirrt alles. Mit der Dynamik des
Samens und des Sauerteigs schenkt der Geist, der in uns
ist, uns die absolute Gewißheit, daß es keine Situation
gibt, die unempfänglich wäre für diese Kraft Gottes, der
den Menschen erschaffen und ihm schon am Anfang
seinen Geist eingegossen hat.

Herr, ich danke dir, denn du läßt uns den Geist erfahren und damit auch die Auferstehung. Ich danke dir,
weil du in der Schrift, in der Eucharistie, in der Brüderlichkeit, im Guten, das wir empfangen, in den charismatischen Gaben und in all dem, was in der Kirche
Leben ist, uns die Auferstehung erfahren läßt: in der
Vergebung, Tröstung, gegenseitigen Ermutigung, in der
Fähigkeit, Prüfungen zu bestehen, und in der Hoffnung,
die du in verzweifeltsten Situationen weckst. Ich danke
dir, Herr, weil du auch heute dich als Auferstandenen
bezeugst.

Jesus, laß uns dich erkennen, öffne unsere Augen, damit wir dich erblicken können. Laß uns die Wahrheit,
die wir erfahren, einfach und klar, aber auch mutig
zum Ausdruck bringen, damit sie für die anderen klar,
erhellend, befeuernd ist.

Von Carlo M. Martini im Verlag Herder erschienen:

Dein Stab hat mich geführt

Geistliche Weisung von Mose zu Jesus

„Das Buch versucht, den Moses des Alten Testaments und Jesus in Zusammenhang zu sehen. Biblische Meditationen und geistliche Besinnungen wechseln ab. Der Leser wird persönlich angesprochen, zum Nachdenken angeregt und eingeladen, das Wagnis des Glaubens anzunehmen" *(Die Presse, Wien)*

2. Auflage. 240 Seiten, gebunden. ISBN 3-451-19083-4

Damit ihr Frieden habt

Geistliches Leben nach dem Johannesevangelium

„Das Buch des Mailänder Erzbischofs ist wie ein Wegweiser, um in die Weisheit des Glaubens einzudringen. Der Autor leitet den Leser dazu an, auf die tiefgründige johanneische Botschaft so zu hören, daß sie in sein eigenes Leben eingreift"

(Deutsche Tagespost)

240 Seiten, gebunden. ISBN 3-451-19550-X

Und sie gingen mit ihm

Der Weg des Christen nach dem Markusevangelium

Aus dem für die Urkirche geschriebenen Zeugnis des Markus entwickelt der Kardinal von Mailand Stufen auf dem Weg zum Glauben. Er hilft, den Glauben neu zu entdecken, Leben zu lernen; letztlich sich vom Wort ergreifen zu lassen und – wie die zwölf Apostel – Jesus nachzufolgen.

144 Seiten, gebunden. ISBN 3-451-19742-1

Hoffnung der Weihnacht

Kardinal Carlo M. Martini, der durch seine biblische Betrachtungen einem breiten Leserkreis bekannt wurde, entdeckt in der Weihnachtsbotschaft Lichtpunkte der Hoffnung für unsere Zeit.

64 Seiten mit 8 mehrf. Abbildungen, gebunden.
ISBN 3-451-19988-2

Verlag Herder Freiburg · Basel · Wien